LE PURGATOIRE

Du même Auteur :

L'Enfer du Dante, traduit en vers, ouvrage couronné par l'Académie française . . . . 2 vol.

Impressions littéraires . . . . 1 vol.

LE
PURGATOIRE

DU

DANTE

TRADUIT EN VERS

PAR

LOUIS RATISBONNE

Vagliami 'l lungo studio e 'l grande amore
Che m' han fatto cercar lo tuo volume.

TOME PREMIER

PARIS
MICHEL LÉVY FRÈRES, LIBRAIRES-ÉDITEURS
RUE VIVIENNE, 2 BIS

1856

TYPOGRAPHIE DE G. SILBERMANN, A STRASBOURG.

PRÉFACE

L'Académie française a honoré de son suffrage ma traduction de l'Enfer. L'indulgence de la critique et la faveur du public ne lui ont pas manqué. C'est du bonheur, mais ce bonheur ne me donne pas d'illusion. S'il a paru à des juges éclairés que cette version en vers, par le bénéfice du rhythme et de la rime sans doute, se lisait plus couramment que les traductions en prose, et qu'elle avait ainsi l'avantage de répandre le goût et l'étude du Dante et de populariser dans notre pays ce génie plus admiré que connu, je ne me trompe pourtant pas sur ce que j'ai pu faire. Non-seulement je me suis attaché à un modèle lointain, inimitable, je me suis encore astreint à des conditions sévères, et les témoignages que j'ai reçus ont été donnés surtout au courage de mon effort. J'y ajoute aujourd'hui une preuve de persévérance. J'offre au public la deuxième Cantica du Dante, le Purgatoire, traduit en vers comme l'Enfer, autant que possible vers par vers et toujours tercet par tercet. Ainsi j'essaie, on le voit, avec notre langue française du dix-neuvième siècle, ce que Grangier, qui aurait lui-même besoin de traduction aujourd'hui, a fait au seizième avec les ressources d'une langue moins façonnée, mais plus libre, plus vive, plus variée dans ses tours, plus riche et plus rapprochée de l'idiome du Dante.

« *Ceux,* écrivait naïvement ce vieux traducteur dans son épître dédicatoire à Henri IV, *qui entreprendront après moi la même besogne pourront témoigner que cela ne saurait se faire sans beaucoup de peine et de travail et sans se mordre les ongles plus d'une fois.* »

Grangier disait vrai, j'en lève la main. Mais

j'ajoute que cette besogne ne saurait se faire aussi sans beaucoup de plaisir. Le Dante récompense lui-même les fatigues que le Dante a données ! Que de fois, dans cette longue marche où je suis à pas comptés ce poëte souverain, fasciné par un intérêt étrange et malgré de passagères défaillances, il m'a paru que ma tâche était comme la montagne du Purgatoire :

« Che sempre al comminciar di sotto è grave
« E quanto uom più va su, e men fa male. »

« Au début tout en bas la pente est difficile,
« Mais plus on monte et moins le chemin paraît dur. »

D'aucuns demanderont peut-être en quoi consiste cet intérêt puissant dont je parle. Nombre de lecteurs, je le sais, après que leur imagination s'est amusée et rassasiée aux supplices de l'Enfer comme à la représentation d'un mélodrame en trente-quatre tableaux, trouvent plus fade la suite de la trilogie dantesque. Pour peu qu'on les presse, ils ne craindront pas de dire que le Purgatoire et le Paradis sont ennuyeux.

Le genre d'intérêt qu'offre le Dante, je veux dire l'intérêt le plus irrésistible et le plus persistant, doit échapper en effet à une lecture superficielle. Pour l'éprouver, il ne faut pas demander à la *Divine Comédie* une distraction en quelque sorte sensuelle et fugitive. Il faut y chercher la pensée même qui animait le poëte, en descendant avec curiosité et avec amour dans ce monde du moyen âge, au treizième siècle, déroulé tout vivant sur la trame immortelle de son poëme. On sent alors que la peinture plus ou moins vive, plus ou moins admirable des souffrances et des joies de l'autre monde n'est pas ce qui importe le plus dans cette épopée,

« Al qual han posto mano e cielo e terra »

« à laquelle le ciel et la terre ont mis la main, » a dit le poëte lui-même, signifiant ainsi qu'il y faisait entrer comme éléments la politique autant que la religion.

Plus on entre dans l'esprit du Dante, plus on

sent que des deux éléments celui qui le domine et le passionne n'est pas le second. Les croyances religieuses sont le cadre du tableau, la satire politique en fait le fond, toujours ardente, amère, violente, soit qu'elle frappe à visage découvert, soit qu'elle porte des coups déguisés. Cette nécessité pour le poëte de voiler souvent sa pensée a jeté quelques esprits dans un étrange égarement. Ils ont vu le voile partout. Ils ont gratté la *Divine Comédie* comme un vieux palimpseste et ont cherché à y découvrir le chiffre effacé d'une doctrine mystérieuse ; entre leurs mains, le poëme sublime est devenu un grimoire, et ils ont mis au jour un Dante hérétique, révolutionnaire et barbouillé de communisme.

Certes, ce poëme du moyen âge ne marche pas tout uniment comme une œuvre de littérature moderne. Conformément à la poétique du temps, le symbole surcharge ici la fiction poétique. Qui en doute ? Un double sens moral et politique se cache sous ce récit d'un pèlerinage du Dante à travers les mondes d'outre-tombe. L'âme s'égare dans la forêt de la vie au milieu des embûches que lui tendent les mauvaises passions, louves, panthères et lions. La poésie ou la raison humaine, représentée par Virgile, commence l'affranchissement de l'âme. Elle l'arrache aux passions terrestres, elle l'introduit dans le monde idéal, dans le domaine spirituel et caché de la mort; elle l'épouvante à l'exemple des supplices éternels, elle la purifie aux étapes douloureuses du Purgatoire. La foi couronne l'œuvre de la poésie, la théologie ou la révélation des choses divines, l'œuvre de la science et de la raison humaine : Béatrice succède à Virgile. Elle achève la délivrance de l'âme en la conduisant au séjour de gloire jusque devant le profil du Très-Haut. C'est là que l'âme en peine trouve la paix cherchée de monde en monde, c'est dans cette vision qu'elle se repose et se rassasie.

Voilà le sens moral : il est beau pour l'époque, il est clair et facile à saisir, il est de plus d'une incontestable orthodoxie. On aperçoit aussi aisément le sens politique, l'épigramme terrible du Gibelin. L'Enfer, ce n'est pas seulement le monde des morts, c'est le monde des vivants, c'est l'univers en proie à l'anarchie et à tous les crimes sous la domination temporelle des papes. Le Purgatoire, c'est la transition douloureuse du désordre à l'ordre, du mal au bien. Le Paradis, où l'on voit briller l'aigle impérial et où règne le bonheur, c'est la monarchie divine, type des monarchies de la terre, c'est le bonheur promis au monde sous la domination politique de César.

> Mirate la dottrina che s' asconde
> Sotto il velame degli versi strani !

a dit le poëte. Et voilà la doctrine morale et politique qu'il enferme sous le voile brodé de ses beaux vers. Mais il n'est pas besoin pour soulever ce voile de révélations, de dictionnaire spécial, d'explications cabalistiques. Et que M. Rossetti et ses derniers disciples en prennent leur parti, il n'y a là ni hétérodoxie, ni hérésie, ni mystagogie, ni franc-maçonnerie.

Non, Dante n'est pas ce qu'ils l'ont voulu faire ; ce n'est pas un sectaire, c'est un politique qui glorifie la monarchie impériale contre la suprématie temporelle des papes, qui veut séparer l'épée du bâton pastoral, gallican quatre cents ans avant Bossuet, catholique dont l'orthodoxie raisonneuse porte dans ses flancs la réforme, mais hérétique, mais socialiste, un Patarin ou un Cathare : non pas. Rome ne s'y est pas trompée, et le religieux et regrettable Ozanam s'est conformé à la tradition de l'Église autant qu'à la vérité en montrant dans le Dante un théologien catholique. Seulement il n'a pas assez montré le politique.

Dante semblait avoir prévu et redouté pour sa renommée les chercheurs de mystères, ces assembleurs de nuages. Il a écrit dans le traité *De Monarchiâ* le vrai commentaire de son poëme, et pour que le moindre doute ne pût subsister, il en a donné la clef dans l'épitaphe même qu'il s'était préparée et qui débute par ces vers :

> Jura Monarchiæ, superos, Phlegetonta, lacusque
> Lustrando, cecini. voluerunt fata quousque.

« En parcourant le Ciel, l'Enfer et les eaux tranquilles du Purgatoire, j'ai chanté les droits de la Monarchie. »

Un pamphlet épique contre le pape et pour l'empereur où le poëte, dans un cadre mystique approprié à son époque, fait entrer les idées politiques par lesquelles il espère délivrer son pays, où il jette ses passions, ses ressentiments, ses haines et aussi ses tendresses, où il fait entrer la science sacrée et profane, l'histoire, les mœurs, toute la vie de son temps, voilà la *Divine Comédie*. Voilà son plus grand intérêt.

Mais ce temps est loin de nous, dira-t-on. Que nous importe-t-il? Eh non, Dante est d'hier, que dis-je! il est d'aujourd'hui. Le monde ne se transforme pas en un jour. Les droits respectifs de la religion et de la politique, de l'Église et de l'État sont-ils définis et réglés sans conteste et sans retour dans le monde? L'Italie est-elle plus heureuse qu'au temps où Dante jetait ce cri de détresse par la bouche de Sordello :

> Ahi, serva Italia, di dolore ostello,
> Nave senza nocchiero in gran tempesta !

A-t-elle trouvé, pauvre Italie! le pilote de son navire battu par l'orage?

On le voit, c'est plus que de l'histoire cette *Comédie* du Dante, c'est, et mieux encore aujourd'hui qu'hier, de la politique toute vivante.

Je n'ai pas besoin d'ajouter que c'est aussi de la poésie. Cette poésie ne fléchit jamais, elle change ses couleurs en changeant de royaume, mais, n'en déplaise à ceux qui s'ennuient au Purgatoire, elle ne fait défaut dans aucun. Le vers âpre et rauque de l'Enfer se détend sans s'amollir dans les régions crépusculaires du séjour d'expiation; les ombres y semblent baignées dans un clair-obscur vaporeux. Les tourments purificateurs acceptés, bénis par elles, inspirent non plus l'horreur, mais une douce pitié. Leurs plaintes ne sont plus des cris aigus, mais des soupirs. Dans les cercles de l'abîme on descendait au bruit de hurlements farouches, on monte aux degrés expiatoires au son d'hymnes pieuses, de paroles de consolation et d'espérance. L'impression n'étant plus la même, comment l'imagination pourrait-elle se fatiguer? D'ailleurs, à ces tableaux de douleurs auxquels l'Enfer nous a déjà habitués, avec quel art le poëte a su mêler des épisodes gracieux, des récits touchants ou terribles, des descriptions enchanteresses! Casella, Manfred, Sordello, la Pia, Oderisi, Mathilde et le Paradis terrestre, Béatrice quand elle se montre enfin au poëte amoureux qui la reconnaît à son parfum, autant de tons différents, autant de pages inimitables ! Le Dante est bien, comme Manzoni l'a nommé, le maître de la colère et du sourire. C'est, hélas! aussi un maître en scolastique ; il a, dans le Purgatoire plus que dans l'Enfer, de terribles digressions philosophiques, théologiques, voire même astronomiques, et c'est l'astronomie de Ptolémée. En maints endroits la concision énigmatique familière au poëte ajoute à l'obscurité de diverses allusions de mythologie ou d'histoire ancienne et contemporaine. Ainsi les nuages épais se mêlant à des beautés inaccessibles font le désespoir du traducteur et déconcertent les lecteurs peu préparés à cette poésie lointaine, à cette « vision de gloire, » comme dit M. Villemain. Et cependant qui voudrait retrancher l'obscurité, les nuages, les énigmes perdues? C'est la rouille du temps. Les beautés du Dante, fruits divins d'une poésie enchantée et toujours jeune, se peuvent goûter aujourd'hui encore après cinq cents ans dans leur verte saveur ; mais c'est à condition qu'on se placera, pour y atteindre, dans la forêt même où ils brillent d'un éclat surnaturel, au milieu des rameaux touffus et sombres, parmi beaucoup de branches mortes et de feuilles flétries.

Qu'on me pardonne de dire encore quelques mots de cette poésie. En considérant la variété inépuisable des tourments de l'Enfer et des peines du Purgatoire, on a beaucoup admiré la fécondité de l'imagination qui les a conçus. On n'a pas remarqué, en tout cas on n'a pas fait assez ressortir le caractère particulier de cette imagination qui vaut mieux que celle d'un Torquemada. Ce n'est pas une fantaisie désordonnée et richement cruelle. Une logique sévère la gouverne toujours, elle obéit à des rapports précis. Ce qui donne leur valeur et leur effet à ces supplices éternels de l'Enfer et à ces expiations temporaires du Purgatoire, c'est que chaque peine est tirée de la nature même de chaque faute ; qu'elle la rappelle par une corrélation d'analogie ou de contraste ; elle en semble le châtiment naturel et en quelque sorte nécessaire, elle devient ainsi pour l'âme souffrante comme le spectre même de ses crimes, et elle est poignante comme un remords. On a vu dans les cercles sombres les voluptueux qui ont plié au vent des passions de la terre emportés dans un éternel orage et fouettés par le vent noir des enfers; ceux qui ont cédé à la fureur s'entre-déchirant dans la bourbe d'un marais; les assassins et les tyrans plongés dans une fosse de sang bouillant; les vils flatteurs croupissant dans les privés humains; les hommes de faux dehors, les hypocrites couverts de chapes qui semblent au dehors brillantes et dorées, mais qui sont de plomb et dont le poids les écrase; les fauteurs de divisions et de discordes, les membres mutilés et divisés à coups de glaive. Les faussaires et les alchimistes sont rongés d'ulcères. Ils ont fait de faux alliages en altérant les métaux, et la lèpre qui les dévore c'est un alliage impur qui altère leur chair. Le rapport est souvent subtil, mais il existe toujours. Ainsi, dans les sept plates-formes circulaires de la montagne du Purgatoire, où sont punis les sept péchés capitaux, on verra les orgueilleux ployant leur tête altière sous d'énormes fardeaux; l'envieux à l'œil chagrin, les paupières closes et cousues; ceux qui se sont abandonnés à la colère enveloppés de fumée; les paresseux courant sans repos et sans trêve; les avares et les prodigues prosternés la face contre la terre dont ils n'ont aimé que les biens éphémères; les gourmands désséchés, haletant devant une onde fraîche, affamés auprès de fruits délicieux; les luxurieux marchant dans les flammes.

Cette logique dans l'imagination n'est pas ce qu'il y a de moins admirable dans les inventions de la *Divine Comédie*. Ces inventions offrent encore un autre caractère trop peu observé; l'imagination du Dante, sans rien perdre de sa richesse et de sa force, obéit, dans le plan comme dans les détails, à une symétrie presque mathématique; il s'astreint à un parallélisme des plus curieux entre les différentes parties de son poëme. Dans les corridors qui précèdent les cercles infernaux, il avait jeté la foule incapable du bien et du mal, les égoïstes, les neutres, dédaignés également par la justice et par la miséricorde divine, indignes du ciel comme de l'enfer. Parallèlement dans des espaces intermédiaires, après l'Enfer et avant le Purgatoire, qui ne s'ouvre qu'au neuvième chant, il fait errer la foule des négligents, de ceux qui ont été lents dans le repentir après avoir été tièdes dans le bien. Au commencement de son voyage, Virgile, la science, l'intelligence profane, avait apparu à Dante; au seuil du nouveau royaume où il entre paraît Caton, la vertu païenne, que l'amour de la liberté a égaré et poussé au suicide, parce qu'il n'a pas eu la lumière de la foi. L'ange de la pénitence accueille les ombres à la porte du Purgatoire, comme Minos les jugeait au seuil de l'Enfer. Le cône droit de la montagne expiatoire succède au cône renversé des cercles infernaux.

On pourrait poursuivre aisément la comparaison. Cette symétrie dans la variété, cette régularité de rapports systématiques donnent à toute la construction de la trilogie dantesque je ne sais quelle solidité imposante et terrible. Cette régularité fait paraître aussi la fiction plus authentique. Il semble que l'imagination n'a pu créer, en la tirant de son propre sein, l'admirable ordonnance de ces royaumes d'outre-tombe et que le poëte les a vus comme il les a décrits. Ainsi l'émotion est au comble et tout concourt à la puissance de l'effet, tout, jusqu'à cette spirale uniforme de tercets enchaînés l'un à l'autre en nombre à peu près égal dont chaque chant se compose. Le dernier vers soude la chaîne, vers magistral qui achève presque toujours d'un trait suprême un récit ou un tableau. Le poëte le frappe plus énergiquement sur son enclume d'airain et d'or. On croit entendre l'écho qui prolonge le son dans les abîmes et il retentit chaque fois dans le cœur.

Mais je m'arrête. On a repris récemment avec de nouveaux frais d'érudition les explications ingénieusement sophistiqués de l'Italien Rossetti. J'ai essayé de rétablir brièvement le vrai caractère du Dante et d'indiquer en même temps quelques traits moins observés de sa poésie que l'étude du Purgatoire après l'Enfer met plus en relief; mais je me souviens que j'ai entrepris de faire lire le Dante sans commentaire. Je laisse donc le lecteur avec le Purgatoire sans plus de réflexions, heureux si ma version fidèle continue à faciliter la lecture du texte original.

Qu'il me soit permis seulement de payer ici une double dette de ma reconnaissance. Puisque le commencement de mon travail a réussi, je dois dire que j'ai eu des grâces spéciales dans l'accomplissement même de ce travail, et en bon gibelin, comme il sied à un traducteur du Dante, je veux rendre à César ce qui appartient à César.

J'ai expliqué une notable partie de la *Divine Comédie* sous les yeux d'un politique qui devait entendre la parole du Dante, j'ai eu pour maître celui qui a délivré et présidé un temps Venise, l'illustre proscrit Manin. En même temps un des rares et grands poëtes de ce temps-ci, qui prend à cœur tout ce qui touche à la poésie comme une affaire personnelle, s'est intéressé d'une manière toute particulière et comme par privilége à cette œuvre, si faible qu'elle soit; il l'a crue utile et il s'est plu à m'en exagérer le prix pour m'empêcher de la déserter. Si je suis aujourd'hui aux deux tiers de ma route, je le dois beaucoup à ses conseils, à ses bienveillantes et instantes exhortations. Et désormais, si j'étais tenté de m'arrêter avant de l'avoir achevée, il me semblerait entendre le poëte exquis d'Eloa me dire comme Virgile à son compagnon en lui montrant le Ciel :

« Quivi di riposar l'affanno aspetta. »

« Attends là le repos qui doit suivre la peine ! » J'entrerai donc au Paradis, s'il plaît à Dieu.

LOUIS RATISBONNE.

LE PURGATOIRE.

ARGUMENT DU CHANT I.

Invocation. Joie du poëte en sortant des ténèbres de l'Enfer et en revoyant l'air pur. Rencontre de Caton d'Utique. Il indique aux voyageurs ce qu'ils ont à faire. Dante prend avec Virgile le chemin de la mer. Virgile lui baigne le visage de rosée, et suivant les instructions de Caton il lui fait une ceinture d'un jonc miraculeux qui croît sur le rivage.

DEL PURGATORIO.

CANTO PRIMO.

Per correr miglior acqua alza le vele
Omai la navicella del mio ingegno,
Che lascia dietro a sè mar sì crudele:

E canterò di quel secondo regno,
Ove l'umano spirito si purga,
E di salire al Ciel diventa degno.

Ma qui la morta poesia risurga,
O sante Muse, poi che vostro sono,
E qui Calliopea alquanto surga,

Seguitando 'l mio canto con quel suono,
Di cui le Piche misere sentiro
Lo colpo tal, che disperâr perdono.

LE PURGATOIRE.

CHANT PREMIER.

Pour voguer désormais sur une eau plus unie,
Je relève ta voile, esquif de mon génie!
J'ai dépassé la mer au flot sombre et cruel.

Je vais chanter, sorti du séjour des supplices,
Cet autre empire où l'homme est lavé de ses vices
Et devient digne un jour de monter jusqu'au ciel.

Mais que la poésie au tombeau se ranime!
Inspirez votre enfant, Muses au front sublime!
Et qu'ici Calliope élève un peu le ton,

Accompagnant mon chant avec ces sons limpides
Qui frappèrent au cœur les tristes Piérides
Et durent leur ravir tout espoir de pardon (1)!

Dolce color d' oriental zaffiro,
Che s' accoglieva nel sereno aspetto
Dell' aer puro infino al primo giro,

Agli occhi miei ricominciò diletto,
Tosto ch' io fuori usci' dell' aura morta,
Che m' avea contristati gli occhi e 'l petto.

Lo bel pianeta, ch' ad amar conforta,
Faceva tutto rider l'Oriente,
Velando i Pesci, ch' erano in sua scorta.

Io mi volsi a man destra, e posi mente
All' altro polo, e vidi quattro stelle
Non viste mai, fuor ch' alla prima gente.

Goder pareva 'l Ciel di lor fiammelle.
O settentrional vedovo sito,
Poichè privato se' di mirar quelle!

Com' io dal loro sguardo fui partito,
Un poco me volgendo all' altro polo,
Là onde 'l Carro già era sparito,

Vidi presso di me un veglio solo,
Degno di tanta reverenza in vista,
Che più non dee a padre alcun figliuolo.

Une douce couleur de saphir et d'opale,
Mêlant dans l'éther pur la perle orientale
Jusques au premier cercle (2) où commencent les cieux,

Rendit à mes regards la joie et la lumière,
Dès que je fus sorti de la morte atmosphère
Où s'étaient contristés et mon cœur et mes yeux.

Le bel astre qui dit d'aimer venait de luire.
Tout l'Orient charmé paraissait lui sourire
Et les Poissons voilés marchaient derrière lui.

Me détournant à droite, à l'horizon sans voiles,
Vers le pôle opposé, j'aperçus quatre étoiles (3)
Qui sur terre jamais, depuis Adam, n'ont lui.

Le ciel semblait joyeux de leur splendeur divine.
O région du Nord, plains-toi, terre orpheline,
Qui n'as pas le bonheur de les voir resplendir!

Lorsqu'à ces purs flambeaux mon œil put se soustraire,
Me tournant à demi vers le pôle contraire (4),
Au point où le Chariot venait déjà de fuir,

Je vis à mes côtés un vieillard, l'air austère,
Si digne de respect qu'il me semblait qu'un père
N'eût pu d'un fils pieux attendre plus d'honneur.

Lunga la barba, e di bel bianco mista
Portava a' suoi capegli simigliante,
De' quai cadeva al petto doppia lista.

Li raggi delle quattro luci sante
Fregiavan sì la sua faccia di lume,
Ch' io 'l vedea come 'l sol fosse davante.

Chi siete voi, che, contra 'l cieco fiume,
Fuggito avete la prigione eterna?
Diss' ei, movendo quell' oneste piume.

Chi v' ha guidati? o chi vi fu lucerna,
Uscendo fuor della profonda notte,
Che sempre nera fa la valle inferna?

Son le leggi d' abisso così rotte?
O è mutato in Ciel nuovo consiglio,
Che dannati venite alle mie grotte?

Lo Duca mio allor mi diè di piglio,
E con parole, e con mani, e con cenni,
Reverenti mi fe' le gambe, e 'l ciglio:

Poscia rispose lui: Da me non venni:
Donna scese dal Ciel, per li cui preghi
Della mia compagnia costui sovvenni.

Il portait une barbe à fils d'argent, épaisse,
Pareille à ses cheveux flottant en double tresse
Et de chaque côté retombant sur son cœur.

Les quatre étoiles d'or rayonnant dans l'espace
D'une telle splendeur illuminaient sa face
Que je crus voir briller le soleil devant lui.

« O vous, qui remontez le fleuve inexorable, »
Dit-il, en secouant sa barbe vénérable,
« Des cachots éternels comment avez-vous fui?

Qui donc vous a guidés? Quel flambeau tutélaire
A l'infernale nuit put ainsi vous soustraire,
A la noire vallée où n'entre pas le jour?

Sont-ils anéantis, les décrets de l'abîme?
Le ciel a-t-il changé ses desseins sur le crime,
Que vous puissiez, damnés, venir en mon séjour? »

Mon guide me fit signe en me parlant du geste,
De l'œil et de la voix; j'entendis, et modeste
Je pliai les genoux et je baissai les yeux.

Ensuite il répondit : « De mon chef point n'arrive.
Du ciel est descendue une Dame plaintive;
J'assistai ce mortel pour complaire à ses vœux.

Ma da ch' è tuo voler, che più si spieghi
Di nostra condizion, com' ell' è vera,
Esser non puote 'l mio, ch' a te si nieghi.

Questi non vide mai l' ultima sera,
Ma per la sua follia le fu sì presso,
Che molto poco tempo a volger era.

Sì com' io dissi, fui mandato ad esso
Per lui campare, e non c' era altra via
Che questa, per la quale io mi son messo.

Monstrat' ho lui tutta la gente ria,
Ed ora intendo mostrar quegli spirti,
Che purgan sè sotto la tua balia.

Com' io l' ho tratto, saria lungo a dirti:
Dell' alto scende virtù, che m' aiuta
Conducerlo a vederti, e a udirti.

Or ti piaccia gradir la sua venuta:
Libertà va cercando, ch' è sì cara,
Come sa chi per lei vita rifiuta.

Tu 'l sai, che non ti fu per lei amara
In Utica la morte, ove lasciasti
La veste, ch' al gran dì sarà sì chiara.

Mais si tu veux savoir encor mieux qui nous sommes,
Et quel est notre sort dans le troupeau des hommes,
Je vais de tout mon cœur souscrire à ton désir.

Cet homme n'a point vu le soir qui clôt la vie;
Mais il en fut si près poussé par sa folie
Que son temps était proche et qu'il allait mourir.

Comme je te l'ai dit, pour conjurer sa perte,
Je lui fus envoyé; la seule route ouverte
Était ce dur chemin où pour lui j'ai marché.

J'ai fait voir à ses yeux toute la gent damnée;
Maintenant je lui veux montrer la destinée
Des âmes sous ta loi se purgeant du péché.

Comment je l'entraînai, serait trop long à dire
Une vertu d'en haut me soutient et m'inspire
De le conduire ici pour t'entendre et te voir.

Or daigne l'accueillir. Il cherche avec courage
La liberté, ce bien si cher, comme tout sage
Qui pour elle renonce au jour doit le savoir.

Tu le sais, toi! la mort te fut douce, ombre antique!
Et pour la liberté tu laissas dans Utique
Un corps qui renaîtra splendide au Jugement!

Non son gli editti eterni per noi guasti:
Chè questi vive, e Minos me non lega:
Ma son del cerchio, ove son gli occhi casti

Di Marzia tua, che 'n vista ancor ti prega,
O santo petto, che per tua la tegni:
Per lo suo amore adunque a noi ti piega.

Lasciane andar per li tuo' sette regni:
Grazie riporterò di te a lei,
Se d' esser mentovato laggiù degni.

Marzia piacque tanto agli occhi miei,
Mentre ch' io fui di là, diss' egli allora,
Che quante grazie volle da me, fei.

Or, che di là dal mal fiume dimora,
Più muover non mi può, per quella legge,
Che fatta fu, quand' io me n' uscì' fuora.

Ma se donna del ciel ti muove e regge,
Come tu di', non c' è mestier lusinga:
Bastiti ben, che per lei mi richegge.

Va dunque, e fa, che tu costui ricinga
D' un giunco schietto, e che gli lavi 'l viso,
Sì ch' ogni sucidume quindi stinga;

Les décrets éternels n'ont pas reçu d'outrage.
Il vit, moi de Minos je puis braver la rage ;
Je suis hors de l'Enfer au cercle sans tourment,

Avec ta Marcia, dont l'œil chaste, ô sainte âme!
Semble encor te prier de la garder pour femme.
Laisse-toi donc fléchir au nom de son amour!

Ouvre à nos pas les sept royaumes où tu règnes,
Je lui reporterai nos grâces, si tu daignes
Être nommé là-bas dans le pâle séjour. »

Caton lui répondit : « Quand nous vivions sur terre,
A mes yeux Marcia plaisait tant, fut si chère,
Que grâces et faveurs elle obtint tout de moi.

Par de là l'Achéron maintenant qu'elle habite,
Je ne puis m'émouvoir pour son ombre maudite.
Quand je sortis du Limbe, on me fit cette loi.

Mais si, comme tu dis, la volonté d'un ange
T'amène, est-il besoin du miel de la louange?
Et ne suffit-il pas de prier en son nom?

Va donc, fais à cet homme une double ceinture
Avec un jonc flexible, et lave sa figure
Où l'enfer a laissé son trouble et son limon.

Chè non si converria l' occhio sorpriso
D' alcuna nebbia andar davanti al primo
Ministro, ch' è di quei di Paradiso.

Questa isoletta intorno ad imo ad imo
Laggiù, colà dove la batte l' onda,
Porta de' giunchi sovra 'l molle limo.

Null' altra pianta, che facesse fronda,
O indurasse, vi puote aver vita;
Perocchè alle percosse non seconda.

Poscia non sia di qua vostra reddita :
Lo Sol vi mostrerà, che surge omai,
Prendere 'l monte a più lieve salita.

Così sparì : ed io su mi levai,
Senza parlare, e tutto mi ritrassi
Al Duca mio, e gli occhi a lui drizzai.

Ei cominciò : Figliuol, segui i miei passi :
Volgianci indietro, chè di qua dichina
Questa pianura a' suoi termini bassi.

L' alba vinceva l' ora mattutina,
Che fuggia 'nnanzi, sì che di lontano
Conobbi il tremolar della marina.

Car il ne faudrait pas que le moindre nuage
Ternît ses yeux, lorsque paraîtra le visage
De l'Ange, le premier venu du Paradis.

Tout là-bas, à l'entour de cette petite île,
Dans l'anse que vient battre une mer indocile,
Sur le sol détrempé croissent des joncs unis.

Aucun autre arbrisseau ne peut sur cette plage
Pousser ni se durcir, ni porter de feuillage;
Car au choc de la vague il ne saurait plier.

Puis ne revenez point par cette même route;
Le soleil qui surgit vous montrera sans doute
Pour gravir la montagne un commode sentier. »

Il disparut. Et moi, me levant en silence,
Je me range à côté de mon guide et j'avance
En attachant sur lui mon regard confiant.

Il me dit: « Mon cher fils, suis mes pas et courage!
Mais rebroussons chemin : de ce côté la plage
Jusqu'au bord de la mer va toujours déclinant. »

Déjà devant les feux de l'aube triomphale
Fuyait le char obscur de l'heure matinale,
Et je voyais la mer trembler dans le lointain.

Noi andavam per lo solingo piano,
Com' uom, che torna alla smarrita strada,
Che 'nfino ad essa li pare ire invano.

Quando noi fummo, dove la rugiada
Pugna col Sole, e per essere in parte,
Ove adorezza, poco si dirada,

Ambo le mani in su l'erbetta sparte
Soavemente 'l mio Maestro pose:
Ond' io, che fui accorto di sua arte,

Porsi ver lui le guance lagrimose:
Quivi mi fece tutto discoverto
Quel color, che l'Inferno mi nascose.

Venimmo poi in sul lito diserto,
Che mai non vide navigar sue acque
Uom, che di ritornar sia poscia esperto.

Quivi mi cinse, sì com' altrui piacque:
O maraviglia! chè qual' egli scelse
L'umile pianta, cotal si rinacque

Subitamente là, onde la svelse.

Nous allions au travers de la vaste étendue
Comme un homme qui cherche une route perdue,
Et longtemps sans l'atteindre il croit marcher en vain.

Venus dans un endroit où les pleurs de l'Aurore
Luttent contre l'ardeur du jour qui les dévore
Et par l'ombre abrités sèchent plus lentement,

Sur l'herbe humide encor, dont la terre est couverte,
Mon maître doucement posa sa main ouverte :
Je le vis et soudain compris son mouvement.

Je lui tendis ma joue en larmes. Et le maître
L'essuie, et sous sa main soudain de reparaître
Les couleurs que l'Enfer avait fait se ternir.

Nous atteignons alors la solitaire plage,
Cette mer qui jamais ne vit sur son rivage
Un homme s'embarquer et pouvoir revenir.

Virgile, à ce moment, suivant le sage oracle
D'un jonc pris sur le bord ceint mes reins : ô miracle!
A peine il a cueilli l'arbrisseau souple et droit,

Un autre tout pareil repousse au même endroit (5).

NOTES DU CHANT I.

(1) Les filles de Piérus, roi de Pella, en Macédoine, ayant défié les Muses, furent vaincues et métamorphosées en pies.

(2) Le cercle de la lune.

(3) La croix du Sud découverte depuis Dante, mais dont il soupçonnait peut-être l'existence. Sans doute aussi, allégoriquement, les quatre vertus cardinales oubliées depuis l'Eden.

(4) Le pôle nord.

(5) Imitation de Virgile.

Uno avulso non deficit alter
Aureus, et simili frondescit virga metallo.

(*Énéide*, VI.)

ARGUMENT DU CHANT II.

Les deux voyageurs voient venir au rivage une barque chargée d'âmes et conduite par un ange au Purgatoire. Parmi les nouveaux débarqués, Dante reconnaît son ami le musicien Casella. Il le prie de chanter. Casella entonne une des plus belles *canzoni* du Dante. Les autres âmes s'arrêtent à l'écouter. Caton vient les gourmander et les presse de courir à la montagne du Purgatoire.

CANTO SECONDO.

Già era 'l Sole all' orizzonte giunto,
Lo cui meridian cerchio coverchia
Gerusalem col suo più alto punto:

E la Notte, ch' opposita a lui cerchia,
Uscia di Gange fuor con le bilance,
Che le caggion di man, quando soverchia:

Sì che le bianche, e le vermiglie guance,
Là dov' io era, della bella Aurora
Per troppa etate divenivan rance.

Noi eravam lunghesso 'l mare ancora,
Come gente, che pensa suo cammino,
Che va col cuore, e col corpo dimora:

CHANT DEUXIÈME.

Cependant le soleil, rayonnant dans l'espace,
Montait à l'horizon dont le méridien passe
A son plus haut zénith au-dessus de Sion.

Et la nuit, dont le char à l'opposé s'avance,
Sortait du Gange, ayant à la main la balance
Qu'elle laisse tomber auprès du Scorpion.

Au point où nous étions, l'Aurore déjà vieille
Perdait son teint de lis, et sa couleur vermeille
Au fruit de l'oranger prenait des teintes d'or.

Sur le bord de la mer nous restions, pris de doute,
Comme des gens qu'on voit indécis sur leur route;
Ils vont avec le cœur, mais le pied tarde encor.

Ed ecco, qual sul presso del mattino,
Per li grossi vapor Marte rosseggia
Giù nel ponente sovra 'l suol marino:

Cotal m'apparve, s'io ancor lo veggia,
Un lume per lo mar venir sì ratto,
Che 'l muover suo nessun volar pareggia:

Dal qual com' io un poco ebbi ritratto
L'occhio, per dimandar lo Duca mio,
Rividil più lucente, e maggior fatto.

Poi d'ogni parte ad esso m'apparìo
Un non sapea che bianco, e di sotto
A poco a poco un altro a lui n' uscìo.

Lo mio Maestro ancor non fece motto,
Mentre che i primi bianchi aparser ali:
Ma allor, che ben conobbe 'l galeotto,

Gridò: Fa, fa, che le ginocchia cali:
Ecco l'Angel di Dio: piega le mani:
Oma' vedrai di sì fatti uficiali.

Vedi, che sdegna gli argomenti umani;
Sì che remo non vuol, nè altro velo,
Che l'ale sue tra liti sì lontani.

CHANT II.

Et comme, après la nuit, aux premiers feux de l'aube,
Mars, perçant le brouillard épais qui le dérobe,
Rougit à l'Occident au-dessus de la mer,

Je vis, je crois la voir encore, une lumière
Qui venait en courant sur les flots, si légère
Qu'elle aurait défié l'oiseau volant dans l'air.

Comme je détournais un peu mon œil avide
Pour demander le mot du prodige à mon guide,
Plus vive la clarté de moi se rapprochait.

Et de chaque côté de la flamme indécise
Je ne sais quoi de blanc s'agitait à la brise :
De ce blanc autre blanc encor se détachait.

Mon maître ne dit mot. Mais la blancheur étrange
Se rapproche et bientôt ouvre deux ailes d'ange.
Alors, reconnaissant le gondolier divin :

« Vite, vite à genoux ! » s'écria le doux sage :
« Voici l'ange de Dieu : joins les mains et courage !
Des anges désormais t'ouvriront le chemin.

Regarde : loin de lui les ressources mortelles.
Point de voile ou de rame autre que ses deux ailes
Pour traverser la mer depuis le bord lointain.

Vedi, come l' ha dritte verso 'l cielo,
Trattando l' aere con l' eterne penne,
Che non si mutan, come mortal pelo.

Poi, come più e più verso noi venne
L' uccel divino, più chiaro appariva:
Perchè l' occhio da presso nol sostenne:

Ma china 'l giuso: e quei sen venne a riva
Con un vasello snelletto e leggiero,
Tanto che l' acqua nulla ne 'nghiottiva.

Da poppa stava 'l celestial nocchiero,
Tal che parea beato per iscritto:
E più di cento spirti entro sediero:

In exitu Israel de Egitto
Cantavan tutti 'nsieme ad una voce,
Con quanto di quel salmo è poi scritto.

Poi fece 'l segno lor di santa Croce:
Ond' ei si gittâr tutti in su la piaggia,
Ed ei sen' gio, come venne, veloce.

La turba, che rimase lì, selvaggia
Parea del loco, rimirando intorno,
Come colui, che nuove cose assaggia.

Vois comme vers le ciel il les étend, ces ailes!
Et l'air frémit au bruit des plumes éternelles,
Qui ne s'altèrent pas comme le poil humain. »

Tandis qu'il s'approchait toujours plus du rivage,
L'oiseau divin, plus grand, rayonnait davantage :
Ce fut pour mes regards un trop brillant flambeau,

Et je baissai les yeux. Avec une nacelle
Il s'avance, une barque et si mince et si frêle
Qu'elle semblait voler à la cime de l'eau.

Le céleste nocher se tenait à la proue
Et la béatitude illuminait sa joue.
De plus de mille esprits il était entouré.

Quand Israël sortit de la terre Égyptienne
En chœur, à l'unisson, tous chantaient cette antienne
Et les versets suivants du cantique sacré.

Puis au signe de croix qu'il leur fit, de la barque
Ils sautent sur la plage, et tandis qu'on débarque
L'ange est parti rapide ainsi qu'il est venu.

La troupe des esprits au bord abandonnée
Tout à l'entour de soi regardait étonnée,
De l'œil d'un étranger en pays inconnu.

Da tutte parti saettava 'l giorno
Lo Sol, ch' avea con le saette conte
Di mezzo 'l ciel cacciato 'l Capricorno:

Quando la nuova gente alzò la fronte
Ver noi, dicendo a noi: Se voi sapete,
Mostratene la via di gire al monte.

E Virgilio rispose: Voi credete
Forse, che siamo sperti d' esto loco,
Ma noi sem peregrin, come voi siete:

Dianzi venimmo innanzi a voi un poco
Per altra via, che fu sì aspra e forte,
Che lo salire omai ne parrà giuoco.

L' anime, che si fur di me accorte
Per lo spirar, ch' i' era ancora vivo,
Maravigliando diventaro smorte:

E come a messaggier, che porta olivo,
Tragge la gente, per udir novelle,
E di calcar nessun si mostra schivo:

Così al viso mio s' affisar quelle
Anime fortunate tutte quante,
Quasi obbliando d' ire a farsi belle.

CHANT II.

Cependant le soleil à l'horizon sans borne,
De la moitié du ciel chassant le Capricorne,
Dardait de toutes parts les flèches de son front.

Les nouveaux débarqués levant vers nous la tête
Dirent : « Si vous savez ce qui nous inquiète,
Montrez-nous le chemin qui conduit au grand mont. »

Virgile répondit : « Vous présumez sans doute
Que nous avons déjà fait nous-mêmes la route :
Nous sommes l'un et l'autre étrangers comme vous.

Nous venons d'arriver en cette solitude
Par un autre chemin si terrible et si rude
Que le mont à gravir n'est plus qu'un jeu pour nous. »

S'apercevant à l'air qu'agitait mon haleine
Que moi j'avais encor gardé la vie humaine,
Les esprits étaient tous pâles d'étonnement.

Et comme on voit la foule empressée, attentive,
Autour du messager qui porte en main l'olive
Se foulant, se pressant, courir avidement,

Telles à mon aspect se groupent curieuses,
Les yeux cloués sur moi, ces âmes bienheureuses
Comme oubliant d'aller revêtir leur beauté (1).

I' vidi una di lor trarresi avante,
Per abbracciarmi, con sì affetto,
Che mosse me a far lo simigliante.

Oh ombre vane, fuor che nell' aspetto!
Tre volte dietro a lei le mani avvinsi,
E tante mi tornai con esse al petto.

Di maraviglia, credo, mi dipinsi:
Perchè l' ombra sorrise, e si ritrasse,
Ed io, seguendo lei, oltre mi pinsi.

Soavemente disse, ch' io posasse:
Allor conobbi chi era, e pregai,
Che, per parlarmi, un poco s' arrestasse.

Risposemi: Così, com' io t' amai
Nel mortal corpo, così t' amo sciolta:
Però m' arresto: ma tu perchè vai?

Casella mio, per tornare altra volta
Là dove i' son, fo io questo vïaggio:
Diss' io, ma a te come tanta ora è tolta?

Ed egli a me: Nessun m' è fatto oltraggio,
Se quei, che leva, e quando, e cui gli piace,
Più volte m' ha negato esto passaggio;

L'une de s'avancer et ses bras de s'étendre
Comme pour m'embrasser d'un mouvement si tendre
Qu'involontairement je l'avais imité.

Ombres sans consistance, images impalpables!
Trois fois je l'entourai de mes bras incapables,
Et vides, sur mon cœur, trois fois je les fermai (2).

Je crois que sur mes traits se peignit ma surprise.
L'esprit se reculant sourit de ma méprise,
Et moi de quelques pas vers lui je m'avançai.

Doucement il me dit de rester; sa voix tendre
M'apprit bien qui c'était : je le priai d'attendre,
De s'arrêter un peu pour causer avec moi.

« Mon âme qui t'aimait dedans sa chair mortelle
Libre du corps, dit-il, te demeure fidèle,
Et je reste à ton gré. Mais qui t'amène, toi?»

« Mon Casella, je fais aujourd'hui ce voyage
Pour retourner plus tard sur ce même rivage.
Mais toi, pourquoi viens-tu si tard après ta mort?»

Et lui me répondit : « Ce n'était que justice,
L'ange qui nous enlève au temps le plus propice,
Sur sa barque n'a pu m'accueillir tout d'abord.

Chè di giusto voler lo suo si face :
Veramente da tre mesi egli ha tolto,
Chi ha voluto entrar con tutta pace.

Ond' io che er' alla marina volto,
Dove l' acqua di Tevere s'insala,
Benignamente fui da lui ricolto

A quella foce, ov' egli ha dritta l' ala :
Perocchè sempre quivi si raccoglie,
Qual verso d' Acheronte non si cala.

Ed io : Se nuova legge non ti toglie
Memoria, o uso all' amoroso canto,
Che mi solea quetar tutte mie voglie,

Di ciò ti piaccia consolare alquanto
L' anima mia, che, con la sua persona
Venendo qui, è affannata tanto.

Amor, che nella mente mi ragiona,
Cominciò egli allor sì dolcemente,
Che la dolcezza ancor dentro mi suona.

Lo mio Maestro, ed io, e quella gente,
Ch' eran con lui, parevan sì contenti,
Com' a nessun toccasse altro la mente.

La Juste Volonté tient la sienne asservie ;
Voilà trois mois, de vrai, qu'il accueille et convie
Quiconque veut entrer sans plus vouloir pécher (3).

Je me trouvais alors sur la plage isolée
Où le Tibre écumant se mêle à l'eau salée,
Et fus bénignement reçu par le nocher,

Près des bouches du fleuve où retournent ses ailes,
Car c'est là que toujours s'assemblent les fidèles
Qui ne descendent pas vers les bords infernaux. »

Je dis : « Si quelque loi sur ce nouveau rivage
Ne t'a pas enlevé la mémoire ou l'usage
De ce chant amoureux qui calmait tous mes maux,

Donne à mon cœur, de grâce, un peu de ton doux baume.
Ce voyage accompli par le sombre royaume
Avec mon corps vivant m'a brisé de douleur. »

Amour qui parle au fond de ma pauvre âme esclave,
Se prit l'ombre à chanter d'une voix si suave
Que sa douceur encor résonne dans mon cœur.

Mon maître auprès de moi, les ombres réunies,
Nous écoutions pressés, et nos âmes ravies
Paraissaient s'absorber dans ces tendres accents.

Noi eravam tutti fissi e attenti
Alle sue note: ed ecco 'l veglio onesto,
Gridando: Che è ciò, spiriti lenti?

Qual negligenzia, quale stare è questo?
Correte al monte, a spogliarvi lo scoglio,
Ch' esser non lascia a voi Dio manifesto.

Come quando, cogliendo biada, o loglio,
Gli colombi adunati alla pastura,
Queti senza mostrar l' usato orgoglio,

Se cosa appare, ond' egli abbian paura,
Subitamente lasciano star l' esca,
Perchè assaliti son da maggior cura:

Così vid' io quella masnada fresca
Lasciare 'l canto, e gire 'nver la costa,
Com' uom, che va, nè sa dove riesca:

Nè la nostra partita fu men tosta.

Nous marchions suspendus à cette voix chérie.

Mais voici le vieillard austère qui s'écrie :

« Qu'est-ce donc qui vous tient, esprits trop indolents ?

Pourquoi marcher ainsi sans courage et sans force ?

Courez à la montagne et dépouillez l'écorce

Qui vous empêche encor de voir Dieu tout entier ! »

Comme on voit dans un champ, par bandes rassemblées,

Colombes becquetant sans peur d'être troublées

Ne plus frapper les airs de leur cri familier :

Paraisse quelque objet dont l'aspect les effraie,

Aussitôt de quitter le blé mûr et l'ivraie,

Car un souci plus grand vient de les assaillir ;

Les nouveaux débarqués, avertis de leur faute,

Laissent là la chanson et courent vers la côte

Comme un homme qui va sans savoir jusqu'où fuir.

Et nous ne fûmes pas moins vites à partir.

NOTES DU CHANT II.

(1) Oubliant d'aller se faire belles, c'est-à-dire d'aller se purifier.

(2) Emprunt à Virgile :
Ter conatus ibi collo dare bracchia circum
Ter frustrà comprensa manus effugit imago.

(3) Le pardon était descendu sur un plus grand nombre de fidèles depuis le premier jubilé institué par Boniface VIII au mois de décembre 1300.

ARGUMENT DU CHANT III.

Danté et Virgile se dirigent vers la montagne du Purgatoire. Parvenus au pied du mont, la raideur de la pente les arrête. Une troupe d'âmes qui se dirige comme eux vers la montagne leur montre la route. Une des âmes de cette troupe, Manfred, roi de Pouille et de Sicile, s'entretient avec Dante.

CANTO TERZO.

Avvegnachè la subitana fuga
Dispergesse color per la campagna,
Rivolti al monte, ove ragion ne fruga:

I' mi ristrinsi alla fida compagna:
E come sare' io senza lui corso?
Chi m' aria tratto su per la montagna?

Ei mi parea da sè stesso rimorso:
O dignitosa coscienzia e netta,
Come t' è picciol fallo amaro morso!

Quando li piedi suoi lasciâr la fretta,
Che l' onestade ad ogni atto dismaga,
La mente mia, che prima era ristretta,

CHANT TROISIÈME.

Pendant que sous mes yeux cette fuite soudaine
Dispersait les esprits au travers de la plaine
Vers la rude montagne où l'on devient meilleur,

Je me serrai plus près du compagnon fidèle.
Comment marcher, sinon abrité sous son aile?
Qui m'aurait soutenu pour gravir la hauteur?

Mon maître paraissait mécontent de lui-même.
O conscience haute, ô pureté suprême!
Que de la moindre faute amer t'est le remord!

Quand il eut en marchant ralenti cette presse
Qui de nos mouvements altère la noblesse,
Mon esprit mal à l'aise et comprimé d'abord,

Lo 'ntento rallargò, sì come vaga,
E diedi 'l viso mio incontra al poggio,
Che 'nverso 'l ciel più alto si dislaga.

Lo Sol, che dietro fiammeggiava roggio,
Rotto m' era dinanzi alla figura,
Chè aveva in me de' suoi raggi l' appoggio.

I' mi volsi dallato con paura
D' essere abbandonato, quando io vidi
Solo dinanzi a me la terra oscura:

E 'l mio conforto: Perchè pur diffidi,
A dir mi cominciò tutto rivolto,
Non credi tu me teco, e ch' io ti guidi?

Vespero è già colà, dove sepolto
E 'l corpo, dentro al quale io facev' ombra:
Napoli l' ha, e da Brandizio è tolto:

Ora se innanzi a me nulla s' adombra,
Non ti maravigliar, più che de' cieli,
Che l' uno all' altro raggio non ingombra.

A sofferir tormenti, e caldi, e gieli
Simili corpi la virtù dispone,
Che, come fa, non vuol, ch' a noi si sveli.

Rouvrit à son désir une libre carrière,
Et je levai mes yeux sur la montagne altière
Qui porte son sommet jusqu'au plus haut des airs.

Le soleil qui dardait derrière nous ses flammes
Brisait par devant moi ses rutilantes lames :
Mon corps faisant obstacle arrêtait ses éclairs.

Je m'étais retourné de côté, tremblant d'être
Abandonné tout seul en chemin par mon maître
En voyant le sol noir seulement devant moi.

Alors mon réconfort : « Quelle crainte te glace,
Dit-il en me voyant qui faisais volte-face,
Ne te guidé-je plus? Suis-je pas avec toi?

Vesper, astre du soir, monte dans le ciel sombre
Aux lieux où gît le corps qui me faisait une ombre.
Naples aux Calabrais a voulu le ravir (1) :

Ores par devant moi si plus rien ne s'adombre,
Ne t'en étonne pas plus que des cieux sans nombre
Où nul rayon ne peut d'un autre s'obscurcir (2).

La divine puissance avec des corps semblables
De sentir flamme et gel nous a rendus capables.
Comment? elle nous a soustrait cette clarté.

Matto è chi spera, che nostra ragione
Possa trascorrer la 'nfinita via,
Che tiene una sustanzia in tre Persone.

State contenti, umana gente, al quia:
Chè se potuto aveste veder tutto,
Mestier non era partorir Maria:

E disiar vedeste senza frutto
Tai, che sarebbe lor disio quetato,
Ch' eternamente è dato lor per lutto:

I' dico d' Aristotile, e di Plato,
E di molti altri: e qui chinò la fronte,
E più non disse, e rimase turbato.

Noi divenimmo in tanto appiè del monte:
Quivi trovammo la roccia sì erta,
Che 'ndarno vi sàrien le gambe pronte.

Tra Lerici e Turbia, la più diserta,
La più romita via, è una scala
Verso di quella, agevole e aperta.

Or chi sa da qual man la costa cala,
Disse 'l Maestro mio, fermando 'l passo,
Sì che possa salir chi va senz' ala?

Insensé qui voudrait par la raison mortelle
Pénétrer cette voie infinie, éternelle,
Qui sait mettre un seul être en une Trinité.

Il faut vous contenter du *quia*, race humaine!
Si vous aviez su tout, de science certaine,
Marie et son doux fils pouvaient rester au ciel.

Et vous vîtes sans fruit brûler de tout connaître
Tels dont l'ardente soif aurait pu se repaître,
Au lieu de leur servir de tourment éternel.

Je parle de Platon, d'Aristote le sage,
De bien d'autres encor! » Lors, baissant le visage,
Il n'ajouta plus rien et demeura troublé (3).

Pourtant au pied du mont j'arrive avec mon guide.
Mais nous trouvons le roc si raide et si rapide
Que le meilleur coureur eût ici reculé.

Le chemin le plus âpre et le plus dur qui mène
De Tourbe à Lérici dans le pays de Gêne
Est un escalier large et facile, à côté.

« Or çà, par quel versant la côte décroît-elle,
Pour pouvoir y monter, nous qui n'avons pas d'aile? »
Dit mon maître, et, parlant, il restait arrêté.

E mentre che, tenendo 'l viso basso,
Esaminava del cammin la mente,
Ed io mirava suso intorno al sasso,

Da man sinistra m' apparì una gente
D' anime, che moviéno i piè ver noi,
E non parevan, sì venivan lente.

Leva, dissi al Maestro, gli occhi tuoi:
Ecco di qua chi ne darà consiglio,
Se tu da te medesmo aver nol puoi.

Guardommi allora, e con libero piglio
Rispose: Andiamo in là, ch' ei vegnon piano,
E tu ferma la speme, dolce figlio.

Ancora era quel popol di lontano,
I' dico dopo i nostri mille passi,
Quant' un buon gittator trarria con mano,

Quando si strinser tutti a' duri massi
Dell' alta ripa, e stetter fermi e stretti;
Com' a guardar, chi va dubbiando, stassi.

O ben finiti, o già spiriti eletti,
Virgilio incominciò, per quella pace,
Ch' io credo, che per voi tutti s' aspetti,

CHANT III.

Et tandis que baissant la tête, plein de doute,
Il semblait en esprit interroger la route,
Et que moi je cherchais de l'œil sur le rocher,

A main gauche je vis des âmes en phalange
Qui dirigeaient leurs pas vers nous; mais, chose étrange!
Si lentement qu'à peine elles semblaient marcher.

« Lève les yeux et vois là-bas, dis-je à mon maître,
Ces ombres-là pourront te conseiller peut-être,
Si de toi-même ici tu n'oses prendre avis. »

Lors d'un air dégagé mon maître me regarde:
« Viens, dit-il, au devant de la bande qui tarde,
Et raffermis en toi l'espérance, cher fils. »

Nous avions déjà fait mille pas en avance,
Et nous étions encor loin d'eux, à la distance
Qu'un habile frondeur traverse avec la main,

Quand sur les rocs massifs étagés sur la côte
Je les vis faisant halte et serrés côte à côte;
Tel un homme égaré qui cherche son chemin.

« Vous dont la fin fut bonne, esprits élus d'avance!
Dit Virgile, de grâce, ah! par cette assurance
Que vous avez, je crois, d'entrer au Paradis,

Ditene, dove la montagna giace,
Sì che possibil sia l'andare in suso:
Chè 'l perder tempo, a chi più sa, più spiace.

Come le pecorelle escon del chiuso
Ad una, a due, a tre, e l'altre stanno
Timidette atterrando l'occhio, e 'l muso,

E ciò, che fa la prima, e l'altre fanno,
Addossandosi a lei, s'ella s'arresta,
Semplici e quete, e lo 'mperchè non sanno;

Sì vid' io muovere, a venir, la testa
Di quella mandria fortunata allotta,
Pudica in faccia, e nell' andare onesta.

Come color dinanzi vider rotta
La luce in terra, dal mio destro canto,
Sì che l'ombr' era da me alla grotta,

Ristaro, e trasser sè indietro alquanto,
E tutti gli altri, che venieno appresso,
Non sappiendo 'l perchè, fero altrettanto:

Senza vostra dimanda io vi confesso,
Che questo è corpo uman, che voi vedete,
Perchè 'l lume del Sole in terra è fesso:

Apprenez-nous par où la montagne s'abaisse
Et se laisse gravir. Dites, car le temps presse
Et le perdre est plus dur quand on en sait le prix. »

Telles hors de l'enclos les brebis qui se suivent :
Une, puis deux, puis trois. Puis les autres arrivent,
L'œil et le col à terre en leur craintif maintien.

Toutes vont imitant celle qui marche en tête,
Se pressant sur son dos alors qu'elle s'arrête :
Pourquoi? Troupeau placide et simple, il n'en sait rien :

Telle je vis vers nous venir en longue file
Cette troupe déjà bienheureuse et tranquille,
Au pudique visage, à l'honnête marcher.

En voyant la lumière à ma droite arrêtée
Et l'ombre de mon corps sur le sol projetée
Atteindre en s'allongeant les parois du rocher,

Étonnés les premiers du troupeau reculèrent,
Les autres qui venaient après les imitèrent
Et sans savoir pourquoi s'arrêtèrent aussi.

« Ne m'interrogez pas : je préviens votre envie ;
Vous avez sous les yeux un corps humain en vie :
C'est pourquoi la lumière est achoppée ici.

3.

Non vi maravigliate; ma credete,
Che non senza virtù, che dal Ciel vegna,
Cerca di soverchiar questa parete.

Così 'l Maestro : e quella gente degna,
Tornate, disse : Intrate innanzi dunque
Co' dossi delle man facendo insegna.

Ed un di loro incominciò : Chiunque
Tu se', così andando volgi 'l viso :
Pon mente, se di là mi vedesti unque.

Io mi volsi ver lui, e guardai 'l fiso :
Biondo era, e bello, e di gentile aspetto :
Ma l' un de' cigli un colpo avea diviso.

Quando io mi fui umilmente disdetto
D' averlo visto mai, ei disse : Or vedi;
E mostrommi una piaga a sommo 'l petto :

Poi disse sorridendo : I' son Manfredi
Nipote di Costanza imperadrice :
Ond' io ti priego, che quando tu riedi,

Vadi a mia bella figlia, genitrice
Dell' onor di Sicilia, e d' Aragona,
E dichi a lei il ver, s' altro si dice.

Ne vous étonnez pas, phalange fortunée!
C'est par une vertu du Ciel même émanée
Qu'il cherche par ce mont à s'ouvrir un chemin. »

Ainsi parla le maître. Et ces légions dignes :
« Tournez donc et marchez en avant de nos lignes ! »
Et chacun nous faisait signe en tournant la main.

Et l'un d'eux m'adressant la parole: « Regarde,
Qui que tu sois, dit-il, sans que ton pied s'attarde ;
Rappelle-toi : sur terre oncque ne m'as-tu vu?»

Je me tournai, fixant les yeux sur sa figure.
Il était blond et beau, de fort noble tournure,
Seulement il avait un des sourcils fendu.

Et n'ayant de ses traits aucune souvenance
Je m'excusai. — « Vois donc !» me dit l'ombre en souffrance,
Et sa main me montrait au cœur un trou saignant.

Puis souriant : « Je suis Manfred (4), et sur la terre
Constance impératrice était sœur de ma mère.
Ah! quand tu reviendras dans le monde vivant,

Va-s à ma noble fille, à cette source illustre
D'où tirent la Sicile et l'Aragon leur lustre.
Dis-lui la vérité, car peut-être on lui ment.

Poscia ch' io ebbi rotta la persona
Di duo punte mortali, io mi rendei
Piangendo a quei, che volentier perdona.

Orribil furon li peccati miei:
Ma la Bontà infinita ha sì gran braccia,
Che prende ciò, che si rivolve a lei.

Se 'l Pastor di Cosenza, ch' alla caccia
Di me fu messo per Clemente, allora
Avesse in Dio ben letta questa faccia,

L' ossa del corpo mio sarieno ancora
In co' del ponte, presso a Benevento,
Sotto la guardia della grave mora.

Or le bagna la pioggia; e muove 'l vento
Di fuor dal regno, quasi lungo 'l Verde,
Ove le trasmutò a lume spento.

Per lor maladizion sì non si perde,
Che non posso tornar l' eterno amore,
Mentre che la speranza ha fior del verde.

Ver' è, che quale in contumacia muore
Di Santa Chiesa, ancor ch' alfin si penta,
Stargli convien da questa ripa in fuore

Quand de deux coups mortels, au plus fort de la guerre,
J'eus le corps traversé, laissé pour mort sur terre,
Je remis en pleurant mon âme au Dieu clément.

Horribles ont été mes péchés et mes crimes;
Mais la Grâce infinie a des bras magnanimes
Et quiconque y revient n'est jamais rejeté.

Si le Pasteur chargé par Clément de poursuivre
Et pourchasser mon corps, quand j'eus cessé de vivre,
Avait en Dieu bien lu la page de bonté,

A la tête du pont qui regarde l'aurore
Auprès de Bénévent mes os giraient encore,
Sous l'amas tumulaire ils dormiraient pressés.

Et maintenant le vent les secoue, et la pluie
Les baigne au bord du Verde et hors de ma patrie
Où l'on souffla sur moi les flambeaux renversés!

Mais bien que leur fureur nous damne et nous maudisse,
Tant qu'on vit, et pour peu qu'un brin d'espoir verdisse,
On peut encor rentrer dans l'éternel amour!

Il est vrai, quand on meurt contumace à l'Église,
Encore qu'au moment suprême on se dédise,
Qu'il faut rester ici, hors d'un meilleur séjour,

Per ogni tempo, ch' egli è stato, trenta,
In sua presunzion, se tal decreto
Più corto per buon prieghi non diventa.

Vedi oramai se tu mi puoi far lieto,
Rivelando alla mia buona Costanza,
Come m' hai visto, e anco esto divieto:

Chè qui, per quei di là molto s' avanza.

Trente fois tout le temps qu'a duré sur la terre
La résistance, à moins que par bonne prière
Ce cruel temps d'exil puisse être raccourci.

Va maintenant : tu peux me rendre heureux d'avance.
Révèle seulement à ma bonne Constance
Où tu m'as vu : dis-lui cet interdit aussi.

Car en priant là-bas, on nous assiste ici.

NOTES DU CHANT III.

(1) Virgile mourut à Brindes et son corps fut enseveli à Naples :
*Mantua me genuit : Calabri rapuére : tenet nunc
Parthenope : cecini pascua, rura, duces.*

(2) Suivant le système du temps, qui supposait le ciel composé de sphères transparentes, enveloppées les unes dans les autres.

(3) Virgile fait lui-même partie de ces nobles esprits. Il languit avec eux dans les Limbes, comme on l'a vu au quatrième chant de l'Enfer. Voilà pourquoi il s'arrête, pris de trouble et d'émotion.

(4) Manfred, roi de Naples, mort en combattant à la bataille de Cepperano. Villani raconte que le vainqueur, Charles Ier d'Anjou, fit enterrer le vaincu au bout du pont de Bénévent. Chaque soldat jeta une pierre sur sa fosse. Mais l'archevêque de Cosenza par ordre du pape, arracha de cette triste sépulture le corps du roi excommunié et le fit jeter dans le Verde, hors du royaume, *a lume spento*, avec les rites lugubres de l'excommunication.

ARGUMENT DU CHANT IV.

Manfred et les autres âmes des excommuniés, obligés d'attendre, avant de se purifier dans les tourments du Purgatoire, trente fois le temps qu'a duré leur résistance à l'Église, se séparent des deux voyageurs après leur avoir indiqué un sentier étroit. Dante et Virgile parviennent en le suivant à un rocher circulaire formant corniche autour de la montagne. Ils y trouvent les âmes des paresseux qui ont été lents à se repentir. Ceux-ci restent, hors de la porte du Purgatoire, un temps seulement égal à celui de leur vie. Parmi ces nouveaux pénitents, Dante reconnaît Belacqua, un musicien.

CANTO QUARTO.

Quando per dilettanze, ovver per doglie,
Che alcuna virtù nostra comprenda,
L' anima bene ad essa si raccoglie,

Par, ch' a nulla potenzia più intenda:
E questo è contra quello error, che crede
Ch' un' anima sovr' altra in noi s'accenda.

E però, quando s' ode cosa, o vede,
Che tenga forte a sè l' anima volta,
Vassene 'l tempo, e l' uom non se n' avvede:

Ch' altra potenzia è quella, che l' ascolta,
E altra è quella, ch' ha l' anima intera:
Questa è quasi legata, e quella è sciolta.

CHANT QUATRIÈME.

Quand une faculté de son âme est en proie
A quelque impression de souffrance ou de joie,
L'homme, se repliant sur elle tout entier,

Paraît être insensible à toute autre puissance :
Vérité qui dément cette fausse croyance
D'autres esprits en nous s'allumant au premier (1).

Ainsi qu'un objet frappe ou l'oreille ou la vue
Et tienne fortement l'âme vers lui tendue,
Le temps fuit sans qu'on puisse en calculer le cours;

Car autre est l'instrument lui-même de l'ouïe,
Autre la faculté qui tient l'âme asservie ;
Quand l'une est dans les fers, l'autre est libre toujours.

Di ciò ebb' io esperienza vera,
Udendo quello spirto, e ammirando;
Chè ben cinquanta gradi salit' era

Lo Sole: ed io non m' era accorto, quando
Venimmo dove quell' anime ad una
Gridaro a noi: Qui è vostro dimando.

Maggiore aperta molte volte impruna,
Con una forcatella di sue spine,
L' uom della villa, quando l' uva imbruna,

Che non era la calla, onde saline
Lo Duca mio, ed io appresso soli,
Come da noi la schiera si partine.

Vassi in Sanleo, e discendesi in Noli:
Montasi su Bismantova in cacume
Con esso i piè: ma qui convien, ch' uòm voli,

Dico con l' ale snelle e con le piume
Del gran disio diretro a quel condotto,
Che speranza mi dava, e facea lume.

Noi salivám per entro 'l sasso rotto,
E d' ogni lato ne stringea lo stremo,
E piedi e man voleva 'l suol di sotto.

C'est de quoi je pus faire une épreuve certaine,
Écoutant, admirant parler cette ombre humaine.
Le jour avait monté de cinquante degrés (2),

Et je n'y songeais pas, lorsque nous arrivâmes
En un point où parlant toutes en chœur, ces âmes
Nous crièrent : « Voici ce que vous désirez. »

Souvent, quand le soleil brunit la vigne mûre,
Le bon villageois ferme une étroite ouverture
Avecque son fagot d'épines ou de houx,

Mais l'huis est moins étroit que le sentier rapide
Où je m'engageai seul sur les pas de mon guide
Quand l'essaim des esprits se sépara de nous.

A Nole et San Loo l'on grimpe, non sans peine,
Et jusqu'à Bismantoue en montant l'on se traîne ;
Mais il fallait ici les ailes de l'oiseau,

Ou plutôt il fallait l'aile encor plus agile
D'un immense désir pour suivre ce Virgile
Qui me donnait courage et semblait mon flambeau.

A travers les débris de ces roches rompues,
Pressés de tous côtés par leurs pointes aiguës,
Il fallait nous aider du pied et de la main.

Quando noi fummo in su l' orlo supremo
Dell' alta ripa alla scoverta piaggia,
Maestro mio, diss' io, che via faremo?

Ed egli a me: Nessun tuo passo caggia:
Pur suso al monte dietro a me acquista,
Fin che n' appaia alcuna scorta saggia.

Lo sommo era alto, che vincea la vista,
E la costa superba più assai,
Che da mezzo quadrante a centro lista.

Io era lasso, quando cominciai:
O dolce padre, volgiti, e rimira,
Com' io rimango sol, se non ristai.

O figliuol, disse, insin quivi ti tira,
Additandomi un balzo poco in sue,
Chè da quel lato il poggio tutto gira.

Si mi spronaron le parole sue,
Ch' i' mi sforzai carpando appresso lui,
Tanto che 'l cinghio sotto i piè mi fue.

A seder ci ponemmo ivi amendui
Vòlti a levante, ond' eravam saliti,
Chè suole a riguardar giovare altrui.

Au dernier échelon de la rude montagne
Nous parvînmes à ciel ouvert dans la campagne :
« Çà, maître, fis-je alors, où va notre chemin ? »

« Prends garde de glisser d'un pas, dit le poëte,
Et monte en me suivant la pente jusqu'au faîte ;
Des guides s'offriront à nous en quelque lieu. »

Le faîte était si haut qu'il dépassait la vue,
Et la rampe à gravir plus raide, plus tendue
Qu'un rayon qui partage un quadrant au milieu.

J'étais tout épuisé quand je dis : « O doux père,
Vers moi retourne-toi par pitié ; considère
Que je vais rester seul, si tu n'arrêtes point. »

« Mon fils, me répondit Virgile, et sa main haute
M'indiquait un plateau qui contournait la côte,
Traîne-toi seulement là-haut, jusqu'à ce point. »

Sa voix m'éperonna si fort, qu'avec courage
Je m'efforçai de suivre en rampant le doux Sage,
Tant qu'enfin le plateau se trouva sous nos pieds.

Tous les deux côte à côte alors nous nous assîmes,
Tournés vers le levant et jetant de ces cimes
Au chemin parcouru des yeux extasiés.

Gli occhi prima drizzai a' bassi liti,
Poscia gli alzai al sole, e ammirava,
Che da sinistra n' eravam feriti.

Ben s' avvide 'l poeta, che io stava
Stupido tutto al carro della luce,
Ove tra noi e Aquilone intrava.

Ond' egli a me: se Castore e Polluce
Fossero 'n compagnia di quello specchio,
Che su e giù del suo lume conduce,

Tu vedresti 'l zodiaco rubecchio
Ancora all' Orse più stretto rotare
Se non uscisse fuor del cammin vecchio.

Come ciò sia, se 'l vuoi poter pensare,
Dentro raccolto immagina Sion
Con questo monte in su la terra stare,

Si ch' amendue hann' un solo orizon,
E diversi emisperi: ond' è la strada,
Che mal non seppe carreggiar Feton.

Vedrai com' a costui convien che vada
Dall' un, quando a colui dall' altro fianco,
Se l' intelletto tuo ben chiaro bada.

D'abord je regardai sous moi, puis sur ma tête.
Lors je vis les rayons que le soleil nous jette
Nous frapper à main gauche et j'en fus interdit (3).

Mon maître remarquant cette stupeur profonde
Dont je considérais le char flambeau du monde
Qui passait entre nous et l'Aquilon, me dit :

« Si ce miroir qui luit sur les deux hémisphères
Était en ce moment suivi des astres frères,
De Castor et Pollux qui se donnent la main,

Tu verrais flamboyer le zodiaque en sa course,
Et courant tournoyer encor plus près de l'Ourse,
A moins qu'il ne sortît de l'antique chemin.

Et pour bien concevoir ce céleste mystère,
Imagine un moment voir placés sur la terre
Ce mont du Purgatoire et le mont de Sion

Ayant même horizon et divers hémisphère
Dans le milieu desquels s'ouvrirait la carrière
Que sur son char si mal parcourut Phaëton.

Tu verrais le soleil dans son cours nécessaire
Luire ici sur un flanc, là sur le flanc contraire,
Pour peu que ton esprit réfléchisse un moment. »

4

Certo, Maestro mio, diss' io, unquanco
Non vid' io chiaro, sì com' io discerno,
Là dove 'l mio 'ngegno parea manco:

Che 'l mezzo cerchio del moto superno,
Che si chiama Equatore in alcun' arte,
E che sempre riman tra 'l Sole e 'l Verno,

Per la ragion, che di', quinci si parte
Verso Settentrïon, quando gli Ebrei
Vedevan lui verso la calda parte.

Ma, s'a te piace, volentier saprei,
Quanto avemo ad andar, chè 'l poggio sale
Più che salir non posson gli occhi miei.

Ed egli a me: Questa montagna è tale,
Che sempre al cominciar di sotto è grave,
E quanto uom più va su, e men fa male.

Però quand' ella ti parrà soave:
Tanto, che 'l su andar ti sia leggiero,
Com' a seconda in giuso andar per nave:

Allor sarai al fin d' esto sentiero:
Quivi di riposar l' affanno aspetta:
Più non rispondo, e questo so per vero.

« Certes, je comprends, dis-je, ô maître, et dans le doute,
Alors que mon esprit allait être en déroute,
Oncque je ne compris un point si clairement (4).

Le demi-cercle donc de la sphère céleste
Qu'on nomme en certain art équateur, et qui reste
Également distant de l'été, de l'hiver,

Doit, d'après ton système, être en cet hémisphère
Vers le Septentrion, tandis que sur leur terre
Les Hébreux le voyaient du côté de l'Auster.

Mais, s'il te plaît, dis-moi, combien de temps, cher guide,
Avons-nous à marcher encor? Ce mont rapide
Par delà mon regard s'élève dans l'azur. »

« Ce mont est ainsi fait, me répondit Virgile,
Qu'au début, tout au bas, la pente est difficile,
Mais plus on monte, et moins le chemin paraît dur.

Ainsi quand il sera doux au pied et facile,
Et que tu monteras plus léger, plus agile
Qu'un batelet qui fuit par le flot emporté,

Lors tu seras au terme où ce sentier nous mène.
Attends là le repos qui doit suivre la peine.
Je n'ajoute plus rien, j'ai dit la vérité. »

E, com' egli ebbe sua parola detta,
Una voce di presso sonò : Forse
Che di sedere in prima avrai distretta.

Al suon di lei ciascun di noi si torse,
E vedemmo a mancina un gran petrone,
Del qual ned io, ned ei prima s' accorse.

Là ci traemmo : ed ivi eran persone,
Che si stavano all' ombra dietro al sasso,
Com' uom per negligenza a star si pone.

E un di lor, che mi sembrava lasso,
Sedeva, e abbracciava le ginocchia,
Tenendo 'l viso giù tra esse basso.

O dolce Signor mio, diss' io, adocchia
Colui, che mostra sè più negligente,
Che se pigrizia fosse sua sirocchia.

Allor si volse a noi, e pose mente,
Movendo 'l viso pur su per la coscia,
E disse : Va su tu, che se' valente.

Conobbi allor chi era : e quell' angoscia,
Che m' avacciava un poco ancor la lena,
Non m' impedì l' andare a lui : e poscia,

Tandis que j'écoutais les derniers mots du maître,
Une voix près de nous se fit ouïr : « Peut-être
Il te faudra t'asseoir avant que d'être au port. »

Au son de cette voix qui résonnait tout proche,
Nous tournâmes la tête et vîmes une roche
Où lui ni moi n'avions jeté les yeux d'abord.

Nous étant approchés, à nous s'offre un grand nombre
De gens qui se tenaient adossés à son ombre
Comme des paresseux assis nonchalamment ;

Et l'un d'eux qui semblait être des moins ingambes
Demeurait accroupi, les bras autour des jambes,
Le front sur ses genoux appuyé mollement.

« Oh, dis-je, doux seigneur, vois donc ce personnage
Qui reste couché là sans force et sans courage,
Comme s'il avait eu la paresse pour sœur. »

Le paresseux m'entend et, sans bouger, il glisse
Un œil obliquement au-dessus de sa cuisse
Et me dit : « Grimpe donc, toi si vaillant de cœur ! »

Lors je le reconnus, et cette lassitude
Qui brisait mon haleine après le chemin rude
Ne put me retenir d'aller tout droit vers lui.

4.

Ch' a lui fui giunto, alzò la testa appena,
Dicendo: Hai ben veduto, come 'l Sole
Dall' omero sinistro il carro mena?

Gli atti suoi pigri, e le corte parole
Mosson le labbra mie un poco a riso:
Poi cominciai: Belacqua, a me non duole

Di te omai: ma dimmi, perchè assiso
Quiritta se': attendi tu iscorta,
O pur lo modo usato t' hai ripriso?

Ed ei: Frate, l' andare in su che porta?
Chè non mi lascerebbe ire a' martiri
L' uscier di Dio, che siede 'n su la porta.

Prima convien, che tanto 'l Ciel m' aggiri
Di fuor da essa, quanto feci in vita,
Perchè indugiai al fin li buon sospiri,

Se orazione in prima non m' aita,
Che surga su di cuor, che 'n grazia viva:
L' altra che val, che 'n Ciel non è gradita?

E già 'l Poeta innanzi mi saliva,
E dicea: Vienne omai: vedi ch' è tocco
Meridïan dal Sole, e dalla riva

Cuopre la Notte già col piè Marrocco.

Lorsque j'en fus tout proche, il soulève avec peine
Sa tête : « As-tu bien vu, me dit-il, comment mène
Le soleil ses chevaux à ta gauche aujourd'hui ? »

Ses mouvements si lents, son parler laconique
Firent naître à ma lèvre un sourire ironique :
« A présent, Belacqua, je ne te plaindrai plus (5).

Mais que fais-tu ? dis-moi pourquoi cette attitude ?
Attends-tu quelque guide, ou bien, par habitude,
Est-ce que la paresse a repris le dessus ? »

Il me répondit : « Frère, aller là-haut, qu'importe ?
Puisque l'oiseau de Dieu qui là garde la porte (6)
Ne me laisserait pas aller au doux tourment.

Cette porte pour moi ne peut être franchie
Avant un temps égal à celui de ma vie,
Ne m'étant repenti qu'à mon dernier moment ;

A moins qu'à mon secours auparavant n'arrive
La prière d'un cœur en qui la Grâce vive.
Sans écho dans le ciel tout autre prie en vain. »

En route cependant s'était remis mon guide,
Disant : « Viens : au midi déjà le jour rapide
Resplendit, et là-bas à l'horizon lointain

La Nuit couvre du pied le rivage Africain. »

NOTES DU CHANT IV.

(1) Allusion à la doctrine des trois âmes s'allumant successivement dans l'homme : l'âme végétative, l'âme sensitive et l'âme intellectuelle, doctrine qui remonte à Platon.

(2) Le soleil parcourt 15 degrés à l'heure. Il s'était donc écoulé 3 heures 20 minutes depuis le lever de l'astre.

(3) La tête tournée au levant, Dante s'étonne d'avoir le soleil à sa gauche au lieu de l'avoir à sa droite, comme cela aurait eu lieu sur la terre s'il s'était tourné dans la même direction à la même heure du jour. Il oublie qu'il est aux antipodes de Jérusalem.

(4) Si Dante comprend si bien, c'est qu'il est astronome et géographe. Nous qui ne sommes ni l'un ni l'autre, « nous voyons bien quelque chose, mais je ne sais pour quelle cause nous ne distinguons pas très-bien. » Aussi, pour tout ce passage, nous avons cru que le mieux était de serrer toujours étroitement le texte, sans ajouter aux explications de Virgile ni dans la traduction, ni ici.

(5) Belacqua, guitariste et facteur d'instruments de musique, paresseux et goguenard. Dante lui dit qu'il ne le plaindra plus ; il est sûr désormais du salut de Belacqua, puisqu'il n'est pas en Enfer.

(6) La porte du Purgatoire gardée par un ange.

ARGUMENT DU CHANT V.

Ici Dante rencontre ceux qu'on pourrait appeler les pénitents de la dernière heure, qui frappés de mort violente ont, par un soupir de repentance, assuré au dernier moment leur salut. Plusieurs viennent tour à tour raconter la tragique aventure de leur trépas : Jacques del Cassero, Buonconte. — Ombre dolente et poétique de la Pia.

CANTO QUINTO.

Io era già da quell' ombre partito,
E seguitava l' orme del mio Duca,
Quando diretro a me, drizzando 'l dito,

Una gridò: Ve', che non par che luca
Lo raggio da sinistra a quel di sotto,
E come vivo par che si conduca.

Gli occhi rivolsi al suon di questo motto,
E vidile guardar per maraviglia
Pur me, pur me, e 'l lume, ch' era rotto.

Perchè l' animo tuo tanto s' impiglia,
Disse 'l Maestro, che l' andare allenti?
Che ti fa ciò, che quivi si pispiglia?

CHANT CINQUIÈME.

J'avais vu loin de nous ces ombres disparaître
Et suivais de nouveau les traces de mon maître,
Lorsque derrière nous, du doigt me désignant,

L'une cria : « Voyez ! Point ne luit la lumière
A gauche de celui qui suit l'autre en arrière.
A voir comme il chemine on dirait d'un vivant ! »

Je détournai les yeux au bruit de cette phrase.
Elles me regardaient toutes comme en extase
Aller, et de mon corps l'ombre se projeter !

— « A quoi bon t'agiter l'esprit outre mesure ?
Dit le maître, et pourquoi ralentir ton allure ?
Ces murmures des morts doivent-ils t'arrêter ?

Vien dietro a me, e lascia dir le genti:
Sta come torre ferma, che non crolla
Giammai la cima per soffiar de' venti:

Chè sempre l' uomo, in cui pensier rampolla
Sovra pensier, da sè dilunga il segno,
Perchè la foga l' un dell' altro insolla.

Che potev' io ridir, se non io vegno?
Dissilo alquanto del color consperso,
Che fa l' uom di perdon tal volta degno:

E 'ntanto per la costa da traverso
Venivan genti innanzi a noi un poco,
Cantando *Miserere* a verso a verso.

Quando s'accorser ch' io non dava loco
Per lo mio corpo al trapassar de' raggi,
Mutâr lor canto in un Oh lungo e roco:

E duo di loro, in forma di messaggi,
Corsero 'ncontra noi, e dimandârne:
Di vostra condizion fatene saggi.

E 'l mio Maestro: Voi potete andarne,
E ritrarre a color, che vi mandaro,
Che 'l corpo di costui è vera carne.

CHANT V.

Suis-moi : laisse parler le vulgaire stupide
Et sois comme une tour dont l'assise solide
Résiste inébranlable à la fureur des vents.

L'homme qui d'une idée à l'autre ainsi s'élance,
Du but qu'il veut atteindre augmente la distance,
Il se nuit à lui-même en ses projets mouvants. »

Que répondre à cela, sinon : « Je viens, poëte ! »
Ainsi dis-je, et j'avais cette rougeur honnête
Qui mérite souvent un pardon au pécheur.

Cependant, abrégeant par un biais la côte,
Des gens nous devançaient qui chantaient à voix haute
Miserere, verset par verset, tous en chœur.

En voyant que mon corps, rendant la terre obscure,
Aux rayons lumineux n'offrait point d'ouverture,
Leur oraison se change en exclamation !

Deux d'entre eux de la bande alors se détachèrent
Et venant au devant de nous ils s'écrièrent :
« De grâce, dites-nous votre condition ? »

— « Vous pouvez rapporter, répond le maître sage,
A ceux dont vous tenez pour nous votre message,
Que le corps de cet homme est vivant et de chair.

Se per veder la sua ombra restaro,
Com' io avviso, assai è lor risposto:
Facciangli onore, ed esser può lor caro.

Vapori accesi non vid' io sì tosto
Di prima notte mai fender sereno,
Nè, Sol calando, nuvole d' Agosto,

Che color non tornasser suso in meno:
E giunto là, con gli altri a noi dier volta,
Come schiera, che corre senza freno.

Questa gente, che preme a noi, è molta,
E vengonti a pregar, disse 'l Poeta:
Però pur va, ed in andando ascolta.

O anima, che vai, per esser lieta,
Con quelle membra, con le quai nascesti,
Venian gridando, un poco 'l passo queta;

Guarda s' alcun di noi unque vedesti,
Sì che di lui di là novelle porti:
Deh perchè vai? deh perchè non t' arresti?

No' fummo già tutti per forza morti,
E peccatori infino all' ultim' ora:
Quivi lume del Ciel ne fece accorti.

S'ils se sont arrêtés, comme je le suppose
En lui voyant une ombre, ils en savent la cause.
Qu'ils lui fassent honneur, car il peut payer cher. »

Plus prompts que les vapeurs qui dans l'éther limpide
Au tomber de la nuit jettent un feu rapide,
Ou le soleil chassant les nuages d'août,

Ils s'en vont retournant vers la foule inconnue;
Mais, comme un escadron qui court bride abattue,
Ils reviennent ensemble et sont là tout à coup.

« Cette gent qui vers nous accourt, dit le poëte,
Est nombreuse, et chacun t'apporte sa requête.
C'est pourquoi va toujours, mais écoute en marchant. »

Ils arrivaient criant : « O toi qui viens d'avance
Couverte ici du corps que tu tiens de naissance,
Ame au bonheur promise, arrête un seul instant !

Vois, n'en connais-tu pas un seul d'entre nous, frère,
Dont tu puisses porter des nouvelles sur terre?
Mais, quoi! tu vas toujours, sans vouloir t'arrêter?

Nous avons péri tous de mort épouvantable.
Jusqu'au dernier soupir notre âme fut coupable :
La lumière du ciel vint lors nous visiter.

Sì, che pentendo e perdonando, fuora
Di vita uscimmo a Dio pacificati,
Che del disio di sè veder n' accuora.

Ed io : Perchè ne' vostri visi guati,
Non riconosco alcun : ma s' a voi piace
Cosa ch' io possa, spiriti ben nati,

Voi dite, ed io farò per quella pace,
Che dietro a' piedi di sì fatta guida,
Di mondo in mondo cercar mi si face.

Ed uno incominciò : Ciascun si fida
Del beneficio tuo senza giurarlo,
Pur che 'l voler non possa, non ricida :

Ond' io, che solo innanzi agli altri parlo,
Ti prego se mai vedi quel paese,
Che siede tra Romagna e quel di Carlo,

Che tu mi sie de' tuoi prieghi cortese
In Fano sì, che ben per me s' adori,
Perch' i' possa purgar le gravi offese.

Quindi fui io : ma gli profondi fori,
Ond' uscì 'l sangue, in sul quale io sedea,
Fatti mi furo in grembo agli Antenori,

Contrits et pardonnant nous quittâmes la vie,
Tous en paix avec Dieu dont la grâce infinie
Brûle aujourd'hui nos cœurs du désir de le voir.

— «Vos traits, dis-je, ont subi de la mort les outrages
Et je ne reconnais aucun de vos visages.
Pourtant, esprits bien nés, s'il est en mon pouvoir

De vous servir, parlez, je jure de le faire
Par la paix que je vais cherchant de sphère en sphère,
Entraîné sur les pas de ce doux conducteur!»

L'un d'eux prit la parole : « En toi chacun se fie
Et croit à ton bienfait sans qu'un serment te lie,
Si ton pouvoir répond au vouloir de ton cœur.

Or moi qui le premier, avant les autres, parle,
De grâce, si jamais entre l'état de Charle
Et le sol Romagnol tu peux voir mon pays(1),

Interviens en mon nom au milieu de mes frères!
Que dans Fano pour moi de ferventes prières
M'aident à me laver du mal que j'ai commis.

Là-bas j'ai vu le jour, mais la blessure impie
D'où s'échappa mon sang et d'où s'enfuit ma vie
Je la reçus aux champs d'Antenor (2), un endroit

Là dov' io più sicuro esser credea:
Quel da Esti 'l fe' far, che m' avea in ira
Assai più là, che dritto non volea.

Ma s' io fossi fuggitivo inver la Mira,
Quand io fui sovraggiunto ad Oriaco,
Ancor sarei di là, dove si spira.

Corsi al palude, e le cannucce e 'l braco
M' impigliàr sì, ch' i' caddi, e li vid' io
Delle mie vene farsi in terra laco.

Poi disse un altro: Deh se quel disio
Si compia, che ti tragge all' alto monte,
Con buona pietate aiuta 'l mio.

Io fui di Montefeltro: io fui Buonconte:
Giovanna, o altri non ha di me cura,
Perch' io vo tra costor con bassa fronte.

Ed io a lui: Qual forza, o qual ventura
Ti traviò sì fuor di Campaldino,
Che non si seppe mai tua sepoltura?

Oh, rispos' egli, appiè del Casentino
Traversa un' acqua, ch' ha nome l' Archiano,
Che sovra l' Ermo nasce in Apennino.

CHANT V.

Où je me croyais loin d'un destin si funeste.
L'auteur de mon trépas ce fut ce marquis d'Este,
Qui me haïssait plus que ne permet le droit.

Ah! pourquoi n'ai-je pas vers Mira (3) pris la fuite,
Lorsque près d'Oriago (4) m'atteignit leur poursuite !
Aux lieux où l'on respire, encore je vivrais.

Par malheur je courus au hasard, loin des plaines,
Et vis un lac de sang ruisseler de mes veines
En tombant au milieu des fanges d'un marais (5). »

Un autre esprit parla : « Que ce désir sublime
Soit comblé, qui te fait gravir la haute cime !
A seconder le mien ne te refuse pas.

Je suis de Montefeltre et me nomme Buonconte.
Jeanne (6) m'oublie : hélas, de moi nul ne tient compte :
Voilà pourquoi je vais dans les rangs, le front bas. »

Je lui dis : « Quelle force ou mauvaise aventure
A donc à tous les yeux caché ta sépulture
En arrachant ton corps aux champs de Campaldin?»

« Au pied du Casentin, répond l'ombre de l'homme,
Un fleuve va coulant, qu'Archiano l'on nomme.
Sa source est sur l'Ermo, dans le mont Apennin.

Là, 've 'l vocabol suo diventa vano,
Arriva' io, forato nella gola,
Fuggendo a piedi, e sanguinando 'l piano.

Quivi perdei la vista e la parola:
Nel nome di Maria fini'; e quivi
Caddi, e rimase la mia carne sola.

Io dirò 'l vero, e tu 'l ridi' tra i vivi:
L'Angel di Dio mi prese, e quel d'Inferno
Gridava: O tu dal Ciel, perchè mi privi?

Tu te ne porti di costui l'eterno,
Per una lagrimetta, che 'l mi toglie:
Ma io farò dell'altro altro governo.

Ben sai come nell'aer si raccoglie
Quell'umido vapor, che in acqua riede,
Tosto che sale dove 'l freddo il coglie.

Giunse quel mal voler, che pur mal chiede,
Con lo intelletto, e mosse 'l fumo e 'l vento
Per la virtù, che sua natura diede.

Indi la valle, come 'l dì fu spento,
Da Pratomagno, al gran giogo, coperse
Di nebbia, e 'l Ciel di sopra fece intento,

A l'endroit où cette eau fuit dans l'Arno perdue
J'arrivai, moi, blessé, la gorge pourfendue,
Fuyant à pied, tachant la terre de mon sang.

Là je perdis ensemble et la vue et la vie,
Et mon dernier soupir fut le nom de Marie.
Je tombai, je restai, chair morte, sur le flanc.

Va, rapporte aux vivants ce récit véritable.
L'ange de Dieu me prit alors; l'ange du diable
Criait : « Suppôt du ciel, pourquoi me le ravir?

Tu me prends sa substance éternelle, son âme;
Pour une simple larme, il m'échappe, l'infâme!
Mais sur le corps je vais me venger à loisir! »

Tu sais comment dans l'air se condense épaissie
Cette humide vapeur qui se résout en pluie
Aussitôt qu'elle monte aux régions du froid.

A la perversité joignant l'intelligence,
Il remua fumée et vent par la puissance
Qu'il tient de sa nature et qu'à l'Enfer il doit.

Ainsi, lorsque le jour s'éteignit, la campagne
Depuis Pratomagno jusques à la montagne
Se couvrit de brouillard; le ciel devint tout noir,

5.

Sì, che 'l pregno aere in acqua si converse:
La pioggia cadde, e a' fossati venne
Di lei ciò, che la terra non sofferse:

E come a' rivi grandi si convenne,
Ver lo fiume real tanto veloce
Si ruinò, che nulla la ritenne.

Lo corpo mio gelato in su la foce
Trovò l'Archian rubesto: e quel sospinse
Nell' Arno, e sciolse al mio petto la croce,

Ch' io fei di me, quando 'l dolor mi vinse:
Voltommi per le ripe, e per lo fondo,
Poi di sua preda mi coperse, e cinse.

Deh quando tu sarai tornato al mondo,
E riposato della lunga via,
Seguitò 'l terzo spirito al secondo,

Ricorditi di me, che son la Pia:
Siena mi fe': disfecemi Maremma:
Salsi colui, che 'nnanellata pria,

Disposando m' avea con la sua gemma.

CHANT V.

Et gros d'orage l'air se convertit en ondes.
La pluie à flots tomba; les ravines profondes
Burent ce que le sol ne pouvait recevoir.

Et quand aux grands ruisseaux l'onde s'est amassée,
Vers le fleuve royal elle court insensée,
En se précipitant sans digues et sans frein.

L'Archiano fougueux trouva sur son rivage
Mon cadavre glacé qu'il saisit avec rage
Et poussa dans l'Arno, dénouant sur mon sein

Mes bras ployés en croix quand la mort fut plus forte.
Dans le fond, sur les bords, il me roule, il m'emporte
Et puis m'ensevelit dans l'abîme profond. »

— « Ah! lorsque tu seras de retour sur la terre
Et reposé du long chemin que tu veux faire,
Dit un troisième esprit succédant au second,

Ressouviens-toi de moi : la Pia, c'est moi-même.
Sienne fut mon berceau, mon tombeau la Maremme.
Il le sait bien celui qui d'abord m'épousant

Avait mis à mon doigt l'anneau de diamant! » (7)

NOTES DU CHANT V.

(1) La marche d'Ancône.

(2) Aux environs de Padoue, bâtie par Antenor.

(3) Bourg situé près de la Brenta.

(4) Bourg de Padoue.

(5) L'ombre qui a raconté son trépas est Jacques del Cassero, de Fano, ennemi d'Azzon III d'Este, marquis de Ferrare, qui le fit assassiner.

(6) Sa femme.

(7) Pia dei Tolommei, femme de Nello della Pietra. Un demi-jour mystérieux enveloppe sa tragique histoire comme l'énigmatique récit que le poëte met dans sa bouche. On croit communément que coupable envers son mari ou injustement soupçonnée, elle fut emmenée par lui dans les Maremmes, dont l'air pestilentiel (*la mal' aria*) la fit mourir. D'autres disent que dans un accès de fureur il la précipita par une fenêtre.

ARGUMENT DU CHANT VI.

Les ombres se pressent en foule autour de Dante, lui demandant d'obtenir pour elles sur la terre des prières qui les aident à accomplir leur salut. Questions de Dante à Virgile sur l'efficacité de ces prières. Rencontre du Mantouan Sordello. Imprécations contre l'Italie et contre Florence.

CANTO SESTO.

Quando si parte 'l giuoco della zara,
Colui, che perde, si riman dolente,
Ripetendo le volte, e tristo impara:

Con l'altro se ne va tutta la gente:
Qual va dinanzi, e qual dirietro 'l prende,
E qual da lato li si reca a mente:

Ei non s'arresta, e questo, e quello intende:
A cui porge la man, più non fa pressa:
E così dalla calca si difende:

Tal' era io in quella turba spessa,
Volgendo a loro, e qua e là la faccia,
E promettendo mi sciogliea da essa.

CHANT SIXIÈME.

Au jeu de la *zara* (1), quand la partie est faite,
Le perdant morfondu reste avec sa défaite
Et, répétant les coups, s'exerce tristement.

Le vainqueur s'en retourne escorté de la foule.
Par devant, par derrière on s'empresse, on le foule,
Quelques-uns de côté lui parlent tendrement :

Et lui, sans s'arrêter, tour à tour les écoute,
Presse la main à l'un, à l'autre, sur sa route,
Et se défend ainsi de ce flot importun.

Tel j'étais au milieu de ces bandes épaisses,
Leur faisant face à droite, à gauche, et de promesses,
Pour m'en débarrasser, prodigue envers chacun.

Quivi era l'Aretin, che dalle braccia
Fiere di Ghin di Tacco ebbe la morte,
E l'altro, ch'annegò correndo in caccia.

Quivi pregava con le mani sporte
Federigo Novello, e quel da Pisa,
Che fe' parer lo buon Marzucco forte:

Vidi cont' Orso, e l'anima divisa
Dal corpo suo per astio e per inveggia,
Come dicea, non per colpa commisa:

Pier dalla Broccia dico: e qui provveggia,
Mentr' è di qua, la donna di Brabante,
Si che però non sia di peggior greggia.

Come libero fui da tutte quante
Quell' ombre, che pregar pur, ch' altri preghi,
Si che s' avacci 'l lor divenir sante,

Io cominciai: E' par che tu mi nieghi,
O luce mia, espresso in alcun testo,
Che decreto del Cielo orazion pieghi;

E queste genti pregan pur di questo.
Sarebbe dunque loro speme vana?
O non m' è 'l detto tuo ben manifesto?

Là c'était l'Arêtin (2) qu'une main fraternelle,
Que Tacco fit périr d'une mort si cruelle ;
Là celui qui chassant périt au fond de l'eau (3).

Là Frédéric Novel (4), à mains jointes, m'atteste,
Et là c'est ce Pisan (5) dont le trépas funeste
Mit au jour la grandeur du pieux Marzucco.

Ici le comte Orso ; plus loin cette âme pie
Arrachée à son corps par l'astuce et l'envie
Et non par son péché, comme tu l'avais dit :

Pierre de Brosse (6) ! Aussi prenne garde la dame,
La reine de Brabant prenne garde à son âme,
Qu'elle ne soit un jour dans le troupeau maudit !

Quand j'eus fendu le flot des ombres familières
Qui m'imploraient afin d'obtenir des prières
Pour hâter le moment de leur félicité,

« N'as-tu pas nié, dis-je, ô lumière suprême
Dans un texte formel de ton divin poëme,
Que du ciel à nos vœux cède la volonté (7) ?

Pourtant, c'est ce que veut cette gent en souffrance.
Serait-elle trompée en sa douce espérance ?
Ou n'ai-je pas compris ton oracle certain ? »

Ed egli a me: La mia scrittura è piana,
E la speranza di costor non falla,
Se ben si guarda con la mente sana:

Che cima di giudicio non s'avvalla,
Perchè foco d'amor compia in un punto
Ciò, che dee soddisfar chi qui s'astalla:

E là, dov'io fermai cotesto punto,
Non s'ammendava, per pregar, difetto,
Perchè 'l prego da Dio era disgiunto.

Veramente a così alto sospetto
Non ti fermar, se quella nol ti dice,
Che lume fia tra 'l vero e lo 'ntelletto:

Non so se 'ntendi: io dico di Beatrice:
Tu la vedrai di sopra in su la vetta
Di questo monte, ridente e felice.

Ed io: Buon Duca, andiamo a maggior fretta,
Chè già non m'affatico, come dianzi:
E vedi omai, che 'l poggio l'ombra getta.

Noi anderem con questo giorno innanzi,
Rispose, quanto più potremo omai:
Ma 'l fatto è d'altra forma, che non stanzi.

Et lui me répondit : « Claire était ma parole,
Et de ces pénitents l'espoir n'est pas frivole
Pour qui le considère avec un esprit sain.

De Dieu ne fléchit pas la suprême justice
Pour ce qu'un feu d'amour offert en sacrifice
Acquitte en un moment les âmes de ce lieu.

Ailleurs quand je semblais affirmer le contraire,
La faute ne pouvait céder à la prière,
Car celui qui priait était trop loin de Dieu.

Mais ne t'arrête pas à ce profond problème.
Attends plutôt de voir venir celle qui t'aime.
Par elle à ton esprit luira la vérité.

Me comprends-tu? Je veux parler de Béatrice.
Tu la verras au haut du mont, ta protectrice,
Heureuse et souriante aller à ton côté. »

Et moi : « Viens donc, bon guide, et faisons promptitude.
Déjà je ne sens plus autant de lassitude;
Puis, vois comme du mont l'ombre descend sur nous. »

« Jusqu'au déclin du jour nous irons, dit le sage,
Tant que nous le pourrons poursuivant le voyage;
Mais, comme tu le crois, le chemin n'est pas doux.

Prima che sii lassù, tornar vedrai
Colui, che già si cuopre della costa,
Sì che i suoi raggi tu romper non fai.

Ma vedi là un' anima, ch' a posta,
Sola soletta verso noi riguarda:
Quella ne 'nsegnerà la via più tosta.

Venimmo a lei: o anima Lombarda,
Come ti stavi altera e disdegnosa,
E nel muover degli occhi onesta e tarda!

Ella non ci diceva alcuna cosa:
Ma lasciavane gir, solo guardando
A guisa di leon, quando si posa.

Pur Virgilio si trasse a lei, pregando,
Che ne mostrasse la miglior salita:
E quella non ripose al suo dimando:

Ma di nostro paese, e della vita
C' inchiese: e 'l dolce Duca incominciava:
Mantova.... e l' ombra tutta in sè romita,

Surse ver lui del luogo, ove pria stava,
Dicendo: O Mantovano, io son Sordello
Della tua terra; e l' un l' altro abbracciava.

Bien avant de toucher la cime la plus haute,
L'astre qui maintenant dérobé par la côte
Ne brise plus sur toi ses rayons, reluira.

Mais vois là cet esprit qui se tient immobile,
Seul, et qui nous regarde avec cet air tranquille;
Le chemin le plus court, il nous l'enseignera. »

Nous allâmes vers l'ombre : ô Lombard, âme fière,
Comme tu te tenais dans ta superbe altière,
Quel regard noble et lent et quel air de héros !

Il ne proférait pas un mot; mais intrépide
Me regardait venir à côté de mon guide,
Avec la majesté du lion au repos.

Or, s'étant approché de lui, mon doux Virgile
Demanda s'il savait un chemin plus facile;
Mais, avant de répondre, ainsi qu'il fut prié,

L'esprit de s'enquérir quel pays nous vit naître
Virgile dit : Mantoue... à ce mot seul du maître,
Le héros, qui restait sur soi tout replié,

Se lève et, s'élançant vers lui, s'écrie : « O frère,
O Mantouan ! je suis Sordello (8); même terre
Nous vit naître; » et tous deux les voilà s'embrassant.

Ahi serva Italia, di dolore ostello,
Nave senza nocchiero in gran tempesta,
Non donna di provincie, ma bordello.

Quell' anima gentil fu così presta,
Sol per lo dolce suon della sua terra,
Di fare al cittadin suo quivi festa:

Ed ora in te non stanno senza guerra
Li vivi tuoi, e l' un l' altro si rode
Di quei, ch' un muro et una fossa serra.

Cerca, misera, intorno dalle prode
Le tue marine, e poi ti guarda in seno,
S' alcuna parte in te di pace gode.

Che val, perchè ti racconciasse 'l freno
Giustiniano, se la sella è vota?
Senz' esso fora la vergogna meno.

Ahi gente, che dovresti esser devota,
E lasciar seder Cesar nella sella,
Se bene intendi ciò, che Dio ti nota,

Guarda com' esta fiera è fatta fella,
Per non esser corretta dagli sproni,
Poi che ponesti mano alla predella.

Italie! ah! maison de pleurs et d'esclavage!
Navire sans nocher dans un terrible orage!
Souveraine autrefois, lupanar maintenant!

Voilà comme soudain l'ombre tout attendrie
Au seul nom, à ce nom si doux de la patrie,
A son concitoyen accourut faire accueil,

Et chez toi les vivants sont en guerre éternelle!
Des hommes que défend la même citadelle
Se dévorent entre eux dans la patrie en deuil!

Regarde, misérable, autour de tes rivages,
Cherche en ton sein un lieu qui soit exempt d'orages,
Un seul où de la paix tes fils puissent jouir!

En vain Justinien t'a rajusté la bride.
Que fait le frein des lois, puisque la selle est vide?
C'est ce frein justement qui force à plus rougir.

Ah! peuple qui devrais te montrer plus fidèle
Et laisser ton César s'élancer sur la selle,
Si tu comprenais bien ce que Dieu te marquait,

Vois comme elle devient rêtive, la cavale,
Pour n'avoir pas connu la botte impériale,
Quand des rênes ta main vainement s'emparait.

O Alberto Tedesco, ch' abbandoni
Costei ch' è fatta indomita e selvaggia,
E dovresti inforcar li suoi arcioni:

Giusto giudicio dalle stelle caggia
Sovra 'l tuo sangue, e sia nuovo, ed aperto,
Tal che 'l tuo successor temenza n' aggia:

Ch' avete tu e il tuo padre sofferto,
Per cupidigia di costà distretti,
Che 'l giardin dello 'mperio sia diserto.

Vieni a veder Montecchi e Cappelletti,
Monaldi e Filippeschi, uom senza cura,
Color già tristi, e costor con sospetti.

Vien, crudel, vieni, e vedi l' oppressura
De' tuoi gentili, e cura lor magagne,
E vedrai Santafior, com' è sicura.

Vieni a veder la tua Roma, che piagne,
Vedova, sola, e dì e notte chiama,
Cesare mio, perchè non m' accompagne?

Vieni a veder la gente, quanto s' ama:
E se nulla di noi pietà ti muove,
A vergognar ti vien della tua fama.

Albert de Germanie (9)! ô toi qui l'as laissée
Livrée à cette fougue indomptable, insensée,
Au lieu d'en enfourcher les arçons hardiment,

Puisse d'en haut tomber le jugement céleste
Sur ton sang, et qu'il soit inouï, manifeste,
Plongeant ton successeur dans l'épouvantement!

Car c'est l'avidité qui, toi comme ton père,
Vous retient loin de nous sur la terre étrangère;
Le jardin de l'Empire est par vous déserté!

Vois, prince indifférent à tant et tant d'alarmes,
Montaigu, Capulet, Monald, Philippe (10) en larmes :
Tel est frappé déjà, tel autre est suspecté.

Cruel! de tes vassaux viens voir la tyrannie.
Viens, prends enfin souci de leur ignominie!
Viens à Santa Fiora (11) pour les voir gouverner.

Viens voir ta Rome veuve: elle est seule, elle pleure.
Entends-la te crier nuit et jour, à toute heure :
César, ô mon César, pourquoi m'abandonner?

Viens voir commme on s'entr'aime au sein de ton empire,
Et si tu n'as pitié de cet affreux martyre,
L'opprobre de ton nom fasse mieux que nos pleurs!

E se, lecito m' è, o sommo Giove,
Che fosti 'n terra per noi crocifisso,
Son li giusti occhi tuoi rivolti altrove?

O è preparazion, che nell' abisso
Del tuo consiglio fai, per alcun bene,
In tutto dall' accorger nostro scisso?

Che le terre d' Italia tutte piene
Son di tiranni, e un Marcel diventa
Ogni villan, che parteggiando viene.

Fiorenza mia, ben puoi esser contenta
Di questa digression, che non ti tocca:
Mercè del popol tuo, che sì argomenta.

Molti han giustizia in cuor, ma tardi scocca,
Per non venir senza consiglio all' arco:
Ma 'l popol tuo l' ha in sommo della bocca.

Molti rifiutan lo comune incarco:
Ma 'l popol tuo sollecito risponde
Senza chiamare, e grida: I' mi sobbarco.

Or ti fa lieta, che tu hai ben onde:
Tu ricca, tu con pace, tu con senno.
S' i' dico ver, l' effetto nol nasconde.

Et, si j'ose parler, toi qui tiens le tonnerre,
O dieu juste, pour nous crucifié sur terre,
Tes yeux, grand Jupiter, sont-ils tournés ailleurs?

Ou dans les profondeurs de ton intelligence
Nous as-tu préparé, divine Providence,
Un baume impénétrable à nos regards mortels?

Car l'Italie en proie aux discordes civiles
Est pleine de tyrans, et dans nos tristes villes
Les derniers factieux sont pris pour des Marcels (12).

Cette digression ne saurait te déplaire,
Et ce n'est pas pour toi que j'aurais pu la faire,
Ma Florence! Ton peuple est si sage... en discours.

Beaucoup ont la justice au cœur; mais elle est lente;
Ils ne lancent ses traits que d'une main prudente;
Mais ton bon peuple au bord des lèvres l'a toujours.

Beaucoup au lourd fardeau de la chose publique
Veulent se dérober; mais ton peuple angélique
Accourt sans qu'on l'appelle, en criant : je suis prêt.

Donc tu peux hardiment triompher, ô Florence!
N'as-tu pas à la fois paix, sagesse, opulence?
Je dis vrai : si je mens, on le voit par l'effet.

Atene e Lacedemona, che fenno
L' antiche leggi, e furon sì civili,
Fecero al viver bene un picciol cenno,

Verso di te, che fai tanto sottili
Provvedimenti, ch' a mezzo novembre
Non giunge quel, che tu d' ottobre fili.

Quante volte del tempo, che rimembre,
Legge, moneta, e uficio, e costume
Hai tu mutato e rinnovato membre?

E se ben ti ricorda, e vedi lume,
Vedrai te simigliante a quella inferma,
Che non può trovar posa in su le piume,

Ma con dar volta suo dolore scherma.

Lacédémone, Athène et leurs lois héroïques,
Des civilisations ces modèles antiques
N'ont eu que des lueurs dans l'art de gouverner,

En parangon de toi, de règlements si sobre
Que les lois qu'en ton sein tu files en octobre,
Au milieu de novembre on les voit se faner.

Combien de fois as-tu, dans ces temps d'amertumes,
Renouvelé tes chefs, tes us et tes coutumes?
Combien de fois changé tes membres et ton cœur?

Ah, si tu te souviens et qu'un rayon t'éclaire,
Tu te verras semblable au valétudinaire
Qui se tord sans repos sur son lit de malheur

Et qui s'escrime en vain à parer la douleur.

NOTES DU CHANT VI.

(1) Jeu qui se joue avec trois dés.

(2) Messer Benincasa d'Arezzo, tué sur son siége de juge par Ghino di Tacco pour venger un frère condamné à mort par ce magistrat.

(3) Cione di Tarlati, également d'Arezzo, entraîné dans l'Arno par son cheval, tandis qu'il poursuivait les Bostoli et chassait, comme dit le texte, c'est-à-dire qu'il chassait à l'ennemi.

(4) Fils du comte Guido de Battifolle. Il fut tué par un des Bostoli, surnommé Fornaiolo (le Boulanger).

(5) Farinata degli Scoringiani de Pise. Après qu'il eut été tué par ses ennemis, son père Marzucco, qui s'était fait moine, baisa la main du meurtrier, exhortant tous ses parents au pardon et à la réconciliation.

(6) Pierre de Brosse, ministre de Philippe-le-Bel, mis à mort sur de fausses accusations de la reine.

(7) Allusion au vers :
Desine fata deum flecti sperare precando.
(*Énéide*, liv. VI.)

(8) Sordello, troubadour de Mantoue. On lui attribue un livre intitulé : *Le Trésor des Trésors*, espèce de biographie des hommes célèbres.

(9) Albert d'Autriche, fils de l'empereur Rodolphe, qui refusa, comme son père, de venir en Italie.

(10) Gibelins de Vérone et d'Orvieto.

(11) Dans l'état de Sienne.

(12) Allusion à Marcellus, consul pendant la guerre entre César et Pompée, ou bien et peut-être en même temps à Marcello Malaspine, protecteur du Dante.

ARGUMENT DU CHANT VII.

Sordello propose aux voyageurs de les conduire dans une vallée voisine où ils attendront le retour du jour avant de poursuivre leur route. Ce vallon fleuri est habité par les âmes des pécheurs auxquels les préoccupations du pouvoir et de l'ambition ont fait perdre de vue la pensée de la pénitence. Sordello signale aux voyageurs plusieurs princes et puissants personnages.

CANTO SETTIMO.

Posciachè l' accoglienze oneste e liete
Furo iterate tre e quattro volte
Sordel si trasse, e disse: Voi chi siete?

Prima ch' a questo monte fosser volte
L' anime degne di salire a Dio,
Fur l' ossa mie per Ottavian sepolte:

I' son Virgilio: e per null' altro rio
Lo Ciel perdei, che per non aver fè:
Così rispose allora il Duca mio:

Qual' è colui, che cosa innanzi a sè
Subita vede, ond' ei si maraviglia,
Che crede, e no, dicendo: Ell' è. non

CHANT SEPTIÈME.

Quand des saluts joyeux Sordel et le poëte
Eurent par quatre fois réitéré la fête :
« Mais qui donc êtes-vous ? » dit Sordel reculant.

— « Avant que vers ce mont se fussent dirigées
Les âmes qui de Dieu dignes furent jugées,
Octave ensevelit mes restes en pleurant.

Je suis Virgile et j'ai perdu le ciel sublime
Pour n'avoir eu la foi : ce fut là mon seul crime. »
Ainsi répond mon guide en déclinant son nom.

Comme un homme, lorsque quelque étrange merveille
A frappé tout à coup sa vue ou son oreille :
Il croit, il nie, il doute : Est-ce un rêve, ou bien non ?

Tal parve quegli, e poi chinò le ciglia;
E umilmente ritornò ver lui,
E abbracciollo ove 'l minor s' appiglia.

O gloria de' Latin, disse, per cui
Mostrò ciò, che potea la lingua nostra:
O pregio eterno del luogo, ond' io fui:

Qual merito, o qual grazia mi ti mostra?
S' i' son d' udir le tue parole degno,
Dimmi se vien' d' Inferno, o di qual chiostra.

Per tutti i cerchi del dolente regno,
Rispose lui, son io di qua venuto:
Virtù del Ciel mi mosse, e con lei vegno.

Non per far, ma per non fare ho perduto
Di veder l' alto Sol, che tu disiri,
E che fu tardi da me conosciuto.

Luogo è laggiù non tristo da martiri,
Ma di tenebre solo, ove i lamenti
Non suonan come guai, ma son sospiri.

Quivi sto io co' parvoli innocenti,
Da' denti morsi della morte avante
Che fosser dall' umana colpa esenti.

Tel fut l'étonnement de Sordel; puis, la tête
Humblement inclinée, il revint au poëte
L'embrasser aux genoux comme fait un vassal :

« O gloire des Latins, ô toi dont l'éloquence
A fait de notre langue éclater la puissance,
O l'éternel honneur de mon pays natal !

Qui me vaut de te voir cette faveur insigne?
Si d'entendre ta voix je ne suis point indigne,
Dis, viens-tu de l'Enfer ou d'ailleurs, réponds-moi?»

— « C'est par tous les degrés du douloureux royaume
Qu'ici je suis venu, dit Virgile au fantôme.
Une vertu du ciel me mène où tu me vois.

Nul méfait, mais le bien que je n'ai pas pu faire
Me prive du soleil de cette haute sphère,
Ton espoir, et que moi, las! trop tard je connus.

Sous nos pieds est un lieu sans tourments : les ténèbres
L'attristent seulement, et les plaintes funèbres
Y semblent des soupirs plutôt que cris aigus.

Là j'habite au milieu de la foule innocente
Qu'a mordue au berceau la mort impatiente,
Avant qu'elle ait lavé le crime originel.

Quivi sto io con quei, che le tre sante
Virtù non si vestiro, e senza vizio
Conobber l' altre, e seguir tutte quante.

Ma se tu sai, e puoi, alcuno indizio
Dà noi, perchè venir possiam più tosto
Là, dove 'l Purgatorio ha dritto inizio.

Rispose: Luogo certo non c' è posto:
Licito m' è andar suso ed intorno:
Per quanto ir posso, a guida mi t' accosto.

Ma vedi già, come dichina 'l giorno,
Ed andar su di notte non si puote:
Però è buon pensar di bel soggiorno.

Anime sono a destra qua remote:
Se mi consenti, i' ti merrò ad esse,
E non senza diletto ti fien note.

Com' è ciò? fu risposto: chi volesse
Salir di notte, fora egli impedito
D' altrui? o non sarria, che non potesse?

E 'l buon Sordello in terra fregò 'l dito,
Dicendo: Vedi, sola questa riga
Non varcheresti dopo 'l Sol partito:

Là j'habite avec ceux dont l'âme sans souillure
De toutes les vertus s'est fait une parure,
Mais qui n'a pas connu les trois vertus du ciel (1)!

Mais peux-tu m'enseigner, continua Virgile,
Pour arriver plus vite, un chemin plus facile
Et qui du Purgatoire ouvre le seuil sacré?»

Il répond : «Je n'ai pas de limite prescrite,
Je parcours à mon gré le pays que j'habite,
Et guiderai tes pas tant que je le pourrai.

Mais vois : le jour décline en sa marche insensible,
Et monter dans la nuit là-haut est impossible;
Il nous faut donc trouver un abri pour ce soir.

Des âmes sont là-bas à l'écart réunies:
Je m'en vais te mener vers ces ombres amies,
Si tu veux : tu prendras du plaisir à les voir.

Quoi? le jour, dit Virgile, est-il si nécessaire
Que monter dans la nuit on ne le pourrait faire?
Ou bien en serait-on par quelqu'un empêché?»

Le bon Sordel du doigt sur le sol trace un signe,
Et dit: «Tu ne pourrais, vois, franchir cette ligne,
La journée achevée et le soleil couché.

Non però; ch' altra cosa desse briga,
Che la notturna tenebra, ad ir suso:
Quella col non poter la voglia intriga.

Ben si poria con lei tornare in giuso,
E passeggiar la costa intorno errando,
Mentre che l' orizzonte il dì tien chiuso.

Allora 'l mio signor, quasi ammirando,
Menane, disse, dunque là 've dici,
Ch' aver si può diletto, dimorando.

Poco allungati c' eravam di lici,
Quando m' accorsi, che 'l monte era scemo
A guisa, che i valloni sceman quici.

Colà, disse quell' ombra, n' anderemo,
Dove la costa face di sè grembo,
E quivi 'l nuovo giorno attenderemo.

Tra erto e piano era un sentiere sghembo,
Che ne condusse in fianco della lacca,
Là ove più ch' a mezzo muore il lembo.

Oro, ed argento fino, e cocco, e biacca,
Indico legno lucido e sereno,
Fresco smeraldo, in l' ora, che si fiacca,

Non pas qu'au voyageur qui tenterait la route
Un autre obstacle encore aux ténèbres s'ajoute;
Pour le décourager c'est assez de la nuit.

Mais on peut sans danger redescendre la pente,
Et suivre ce chemin qui tout autour serpente,
Tandis qu'à l'horizon le jour mourant s'enfuit. »

Non sans quelque surprise alors lui dit Virgile :
« Eh bien! conduis-nous donc en ce plaisant asile
Où tu dis qu'il est doux de reposer ses pas. »

Nous commencions d'aller avant la nuit obscure,
Quand je vis que le mont formait une échancrure
Et s'enfonçait semblable aux vallons d'ici-bas.

L'ombre dit : « Nous irons jusqu'à ce point extrême
Où le mont affaissé se creuse sur lui-même,
Et là nous attendrons le retour du matin. »

Entre l'escarpement et la plaine, une allée
Nous mène, tortueuse, au flanc de la vallée,
Où la pente expirait plus bas qu'à mi-chemin.

Or, argent fin et pourpre, et céruse brillante
Et le bois indien à la couleur luisante,
L'émeraude plus fraîche et plus vive en rompant,

Dall' erba e dalli fior dentro a quel seno
Posti, ciascun saria di color vinto,
Come dal suo maggiore è vinto 'l meno.

Non avea pur natura ivi dipinto,
Ma di soavità di mille odori
Vi facea un incognito indistinto.

Salve, Regina, in sul verde, e 'n su' fiori
Quindi seder, cantando, anime vidi,
Che per la valle non parean di fuori,

Prima che 'l poco Sole omai s' annidi,
Cominciò 'l Mantovan, che ci avea volti,
Tra color non vogliate, ch' io vi guidi.

Da questo balzo meglio gli atti e i volti
Conoscerete voi di tutti quanti,
Che nella lama giù tra essi accolti.

Colui, che più sied' alto, e fa sembianti
D' aver negletto ciò, che far dovea,
E che non muove bocca agli altrui canti,

Ridolfo imperador fu, che potea
Sanar le piaghe, c' hanno Italia morta,
Sì che tardi per altro si ricrea.

CHANT VII.

Près de l'herbe et des fleurs qu'offrait cette vallée
Verraient tous leur couleur assombrie et voilée
Comme un rayon qui meurt devant rayon plus grand.

Non contente en ces lieux d'étaler ses peintures,
La nature exhalait ses senteurs les plus pures,
Un mélange inconnu de suaves odeurs.

O salve, Regina, chantait une assemblée
Que cachait au dehors le pli de la vallée,
Assise en cercle là sur le vert et les fleurs.

« Avant qu'à l'horizon ait fui le jour rapide,
Nous dit le Mantouan qui nous servait de guide,
Aller vers ces esprits là-bas vous ne pourriez.

De ce tertre bien mieux vous les pourrez connaître,
Et vous verrez leurs traits plus clairs vous apparaître
Que si dans ce vallon auprès d'eux vous marchiez.

Cette ombre-là qui tient la place la plus haute,
Et semble, l'air chagrin, pleurer encor sa faute,
Car au concert commun sa voix ne répond pas :

C'est Rodolphe empereur(2), qui d'une main plus forte
Eût pu guérir les maux dont l'Italie est morte,
Si bien qu'on ne peut plus la tirer du trépas.

L' altro, che nella vista lui conforta,
Resse la terra, dove l' acqua nasce,
Che Molta in Albia, e Albia in mar ne porta,

Ottachero ebbe nome, e nelle fasce
Fu meglio assai, che Vincislao suo figlio
Barbuto, cui lussuria ed ozio pasce.

E quel Nasetto, che stretto a consiglio
Par con colui, c' ha sì benigno aspetto,
Morì fuggendo, e disfiorando 'l giglio:

Guardate là, come si batte 'l petto.
L' altro vedete, c' ha fatto alla guancia
Della sua palma, sospirando, letto.

Padre e suocero son del mal di Francia:
Sanno la vita sua viziata e lorda,
E quindi viene 'l duol, che sì gli lancia.

Quel, che par sì membruto, e che s' accorda
Cantando con colui dal maschio naso,
D' ogni valor portò cinta la corda:

E se re dopo lui fosse rimaso
Lo giovinetto, che retro a lui siede,
Bene andava 'l valor di vaso in vaso:

L'autre qui du regard un peu la réconforte,
Gouverna le pays où naît l'onde qui porte
La Moldava dans l'Elbe et l'Elbe dans la mer.

C'est Ottacre (3), meilleur, même dès son bas âge,
Que son fils Venceslas, ce barbu sans courage,
Qui vit dans la paresse et les plaisirs de chair.

Ce camus (4) qui paraît en grave conférence
Avec cet autre-là de bénigne apparence,
Par sa fuite et sa mort ternit l'éclat des lys.

Voyez comme il se frappe humblement la poitrine :
Voyez l'autre (5) qui penche une tête chagrine,
Soupire et de sa main fait à sa joue un lit.

Père et beau-père ils sont du fléau de la France.
De ses débordements tous deux ont connaissance,
C'est là ce qui les fait paraître si chagrins.

Celui-là (6), si robuste, et qui si bien s'accorde
Avec l'ombre au grand nez (7), il avait ceint la corde
De toutes les vertus à l'entour de ses reins.

Et si ce jouvenceau qu'on voit assis derrière
Eût régné quelque temps après lui sur la terre,
De vase en vase alors la valeur eût passé.

Che non si puote dir dell' altre rede:
Jacomo e Federigo hanno i reami:
Del retaggio miglior nessun possiede.

Rade volte risurge per li rami
L' umana probitate: e questo vuole
Quei, che la dà, perchè da lui si chiami.

Anco al Nasuto vanno mie parole,
Non men, ch' all' altro Pier, che con lui canta:
Onde Puglia e Provenza già si duole.

Tant' è del seme suo miglior la pianta,
Quanto più che Beatrice e Margherita,
Costanza di marito ancor si vanta.

Vedete il re della semplice vita
Seder là solo, Arrigo d' Inghilterra:
Questi ha ne' rami suoi minore uscita.

Quel, che più basso tra costor s' atterra
Guardando 'nsuso, è Guglielmo marchese,
Per cui Alessandria, e la sua guerra,

Fa pianger Monferrato e 'l Canavese.

Des autres héritiers autant ne se peut dire.
Jacques et Frédéric possèdent son empire,
Aucun n'a recueilli le mieux qu'il ait laissé.

Bien rarement on voit dans les rameaux renaître
Les vertus de la souche. Ainsi le veut le Maître
Qui les dispense, afin qu'on les demande à lui.

C'est aussi bien pour l'ombre au grand nez que je parle,
Que pour l'autre, aussi bien pour Pierre que pour Chárle,
Son fils fait gémir Pouille et Provence aujourd'hui.

Autant du père au fils est grande la distance,
Tant, plus que Marguerite et Béatrix, Constance
Se glorifie encor de l'époux au tombeau (8).

Voyez-vous le roi simple et dans ses mœurs austère
A l'écart assis là : c'est Henri d'Angleterre (9).
Mais de la tige ici sortit meilleur rameau.

Et plus bas, le dernier couché là, ce fantôme
Dont l'œil regarde en haut, c'est le marquis Guillaume
Qui dans Alexandrie alluma le combat

Dont gémit Canavèse autant que Montferrat (10). »

7.

NOTES DU CHANT VII.

(1) Les trois vertus théologales : la foi, l'espérance et la charité.

(2) Père de l'empereur Albert, dont le poëte a déjà parlé au chant précédent.

(3) Gendre de Rodolphe.

(4) Philippe III le Hardi, fils de saint Louis, qui, après une bataille navale perdue contre Pierre, roi d'Aragon, se retira avec son armée de terre en Catalogne et mourut de chagrin à Perpignan.

(5) Cet autre, de bénigne apparence, c'est Henri de Navarre. Il se chagrine avec Philippe III des désordres du règne de Philippe IV le Bel, fils de l'un, gendre de l'autre.

(6) Pierre III, roi d'Aragon.

(7) Charles Ier, roi de Sicile.

(8) J'ai suivi le tour elliptique du poëte. Il veut dire : Charles Ier est aussi supérieur à son fils que la gloire conjugale de Constance est supérieure à celle de Béatrice et de Marguerite. Constance était femme de Pierre III d'Aragon ; Béatrice et Marguerite, filles de Béranger V, comte de Provence, étaient mariées, l'une à Charles d'Anjou, l'autre à saint Louis lui-même. On voit que la comparaison du poëte n'est pas flatteuse pour la maison de France.

(9) Henri III, homme simple et de bonne foi, dit Villani.

(10) Guillaume de Montferrat, mis à mort par les habitants d'Alexandrie. De là une guerre entre eux et ceux de Montferrat et de Canavèse.

ARGUMENT DU CHANT VIII.

Apparition de deux anges armés d'épées flamboyantes qui viennent garder la vallée. Les deux poëtes, toujours accompagnés de Sordello, rencontrent Nino Visconti. Alors se montre le serpent que les anges chassent aussitôt. Entretien de Dante avec Conrad Malaspina, qui lui prédit son exil et l'accueil qu'il trouvera dans la maison des Malaspina.

CANTO OTTAVO.

Era già l' ora, che volge 'l disio
A' naviganti, e 'ntenerisce 'l cuore
Lo dì, c' han detto a' dolci amici a Dio:

E che lo nuovo peregrin d' amore
Punge, se ode squilla di lontano,
Che paia 'l giorno pianger, che si muore;

Quand' io 'ncominciai a render vano
L' udire, ed a mirare una dell' alme
Surta, che l' ascoltar chiedea con mano.

Ella giunse, e levò ambo le palme,
Ficcando gli occhi verso l' Oriente,
Come dicesse a Dio: D' altro non calme.

CHANT HUITIÈME.

C'était l'heure où revient l'ardente rêverie
Et du navigateur gagne l'âme attendrie
Le jour des chers adieux quand il a dû partir;

L'heure où se sent poigné d'une amoureuse peine
Le nouveau pèlerin, si la cloche lointaine
Tinte, comme en pleurant le jour qui va mourir.

Je n'entendais plus rien : j'avais porté ma vue
Sur une ombre debout, qui, la main étendue,
Paraissait demander qu'on l'ouït à son tour.

Elle joignit et puis leva les mains encore,
Tenant ses yeux fixés du côté de l'aurore
Comme pour dire à Dieu : Toi seul as mon amour!

Te lucis ante sì devotamente
Le uscì di bocca, e con sì dolci note,
Che fece me a me uscir di mente:

E l'altre poi dolcemente e devote
Seguitâr lei per tutto l'inno intero,
Avendo gli occhi alle superne ruote.

Aguzza qui, lettor, ben gli occhi al vero:
Che 'l velo è ora ben tanto sottile,
Certo, che 'l trapassar dentro è leggiero.

Io vidi quello esercito gentile
Tacito poscia riguardare in sue,
Quasi aspettando, pallido e umile:

E vidi uscir dell'alto, e scender giue
Due angeli con due spade affocate,
Tronche e private delle punte sue.

Verdi come fogliette pur mo nate
Erano in veste, che da verdi penne
Percosse traean dietro e ventilate.

L'un poco sovra noi a star si venne,
E l'altro scese nell'opposta sponda;
Sì che la gente in mezzo si contenne.

Te lucis (1) chanta l'ombre, et sa bouche dévote
Exhalait en chantant une si douce note
Qu'elle me fit soudain moi-même m'oublier.

Et les autres esprits, avec les mêmes gestes,
Et les regards levés vers les sphères célestes,
D'un ton doux et pieux répétaient l'hymne entier.

Lecteur, aiguise ici, pour voir clair, l'œil de l'âme;
Car du voile à présent si subtile est la trame
Que passer au travers se pourrait aisément.

Je vis, l'hymne achevé, cette troupe fervente
Se taire et regarder en l'air comme en attente,
Et les fronts pâlissants s'incliner humblement.

Et d'en haut vis sortir et descendre deux anges,
Deux glaives à la main flamboyants, mais étranges :
Deux glaives en tronçons dont les pointes manquaient.

Leurs habits verdoyants comme feuilles nouvelles
Ondoyaient sous le vent de verdoyantes ailes
Et flottant derrière eux dans les airs se jouaient.

L'un au-dessus de nous vient à quelque distance
S'abattre, à l'autre bord le deuxième s'élance,
Si bien que les esprits se trouvaient au milieu.

Ben discerneva in lor la testa bionda:
Ma nelle facce l'occhio si smarria,
Come virtù, ch'a troppo si confonda.

Ambo vegnon del grembo di Maria,
Disse Sordello, a guardia della valle,
Per lo serpente, che verrà via via:

Ond'io, che non sapeva per qual calle,
Mi volsi intorno, e, stretto, m'accostai
Tutto gelato alle fidate spalle.

E Sordello anche: Ora avvalliamo omai
Tra le grandi ombre, e parleremo ad esse:
Grazioso fia lor vedervi assai.

Soli tre passi credo, ch'io scendesse,
E fui di sotto, e vidi un, che mirava
Pur me, come conoscer mi volesse.

Temp'era già, che l'aer s'annerava,
Ma non sì, che tra gli occhi suoi e' miei
Non dichiarasse ciò, che pria serrava.

Ver me si fece, ed io ver lui mi fei:
Giudice Nin gentil, quanto mi piacque,
Quando ti vidi non esser tra i rei!

Je distinguais fort bien leur blonde chevelure,
Mais je ne pouvais pas contempler leur figure :
Le regard confondu succombait sous le feu.

« Tous deux, dit Sordello, du giron de Marie
Descendent pour garder cette enceinte où l'on prie,
A cause du serpent qui va venir ici. »

Sur quoi, ne sachant, moi, d'où viendrait le reptile,
Je regarde à l'entour, frissonnant, immobile
Et me serre aux côtés de mon fidèle ami.

Sordello dit encore : « Il est temps de descendre
Parmi ces grands esprits et de s'en faire entendre.
Ils seront fort ravis de vous voir tous les deux.

En trois pas tout au plus dans le val je pénètre.
L'un des esprits semblait chercher à me connaître
Et ses yeux sur moi seul s'attachaient curieux.

Déjà le jour tombait et l'air se chargeait d'ombre ;
Mais cependant la nuit n'était pas assez sombre
Pour empêcher nos yeux de percer au travers.

Il fait un pas vers moi, moi vers lui je m'empresse,
Noble juge Nino (2) ! Combien à ma tendresse
Il fut doux de te voir, ici, loin des enfers !

Nullo bel salutar tra noi si tacque:
Poi dimandò: Quant' è, che tu venisti
Appiè del monte per le lontan' acque?

Oh, dissi lui, per entro i luoghi tristi
Venni stamane, e sono in prima vita,
Ancor che l' altra sì, andando, acquisti.

E come fu la mia risposta udita,
Sordello ed egli indietro si raccolse,
Come gente di subito smarrita.

L' uno a Virgilio, e l' altro ad un si volse,
Che sedea lì, gridando: Su Currado,
Vieni a veder che Dio per grazia volse.

Poi volto a me, per quel singolar grado,
Che tu dèi a Colui, che sì nasconde
Lo suo primo perchè, che non gli è guado,

Quando sarai di là dalle larghe onde,
Di' a Giovanna mia, che per me chiami
Là dove agl' innocenti si risponde.

Non credo, che la sua madre più m' ami,
Poscia che trasmutò le bianche bende,
Le quai convien, che misera ancor brami.

CHANT VIII.

Quand on eut échangé les beaux saluts de fête,
L'ombre à moi s'adressant : « Depuis quand, ô poëte !
Par les lointaines eaux nous vins-tu jusqu'ici ? »

« Oh ! dis-je, j'arrivai par les lieux de souffrance
Ce matin ; j'ai gardé ma première existence,
Bien que je gagne l'autre en voyageant ainsi. »

A peine je réponds ces mots à sa prière,
Que le juge et Sordel se jettent en arrière,
Comme si de surprise ils étaient tout saisis.

L'un regarde Virgile, et le juge à distance
Hélant un autre esprit : « Debout Conrad, avance,
Et viens voir ce que Dieu, dans sa grâce, a permis ! »

Puis vers moi se tournant : « Par la reconnaissance
Que tu dois à Celui dont la divine essence
Se cache impénétrable au firmament sans fond,

Lorsque tu reviendras par delà la mer grande,
Dis à ma Giovanna pour moi qu'elle demande
Secours au ciel : aux cœurs innocents Dieu répond.

Je doute que sa mère en ma faveur s'émeuve,
Depuis qu'elle a quitté les blancs bandeaux de veuve
Qu'elle regrettera, pour son tourment, plus tard.

Per lei assai di lieve si comprende
Quanto in femmina fuoco d'amor dura,
Se l'occhio, o 'l tatto spesso nol raccende.

Non le farà si bella sepoltura
La vipera, che i Melanesi accampa,
Com' avria fatto il gallo di Gallura.

Così dicea, segnato della stampa
Nel suo aspetto di quel dritto zelo,
Che misuratamente in cuore avvampa.

Gli occhi miei ghiotti andavan pure al Cielo,
Pur là, dove le stelle son più tarde,
Sì come ruota più presso allo stelo.

E 'l Duca mio: Figliuol, che lassù guarde?
Ed io a lui: A quelle tre facelle,
Di che 'l polo di qua tutto quanto arde.

Ed egli a me: Le quattro chiare stelle,
Che vedevi staman, son di là basse,
E queste son salite ov' eran quelle.

Com' ei parlava, e Sordello a sè 'l trasse,
Dicendo: Vedi là il nostr' avversaro,
E drizzò 'l dito, perchè in là guatasse.

Par elle on peut juger ce qu'au cœur d'une femme
Dure le feu d'amour, si sa tremblante flamme
Ne s'attise souvent au toucher, au regard.

Point ne lui donnera la belle sépulture
Qu'eût faite à son trépas le coq d'or de Gallure,
La vipère qui tient l'écusson Milanais (3). »

Ainsi parlait Nino portant sur sa figure
Ce zèle ferme et droit et dont la flamme pure
Brûle au cœur lentement sans s'éteindre jamais.

Vers le ciel je tenais levé mon œil avide,
Au point où ses flambeaux ont un cours moins rapide,
Comme la roue alors qu'elle touche à l'essieu.

Et mon guide : « Cher fils, qu'est-ce que tu contemples ? »
— « Ces trois astres brillant dans les célestes temples
Dis-je, et dont les clartés mettent le pôle en feu. »

Il répondit : « Les quatre étoiles apparues
Si belles ce matin sont là-bas descendues,
Et ces trois à leur tour montent nous éclairer (4).

Comme il parlait, Sordel, tirant à lui Virgile,
S'écria : « le voilà, l'ennemi, le reptile ! »
Et son doigt s'allongea comme pour le montrer.

Da quella parte, onde non ha riparo
La picciola vallea, er' una biscia,
Forse qual diede ad Eva il cibo amaro.

Tra l'erba e i fior venia la mala striscia,
Volgendo ad or ad or la testa, e 'l dosso
Leccando, come bestia, che si liscia.

Io nol vidi, e però dicer nol posso,
Come mosser gli astor celestiali:
Ma vidi bene e l'uno e l'altro mosso.

Sentendo fender l'aere alle verdi ali,
Fuggìo 'l serpente, e gli Angeli dier volta
Suso alle poste, rivolando, iguali.

L'ombra, che s'era al Giudice raccolta,
Quando chiamò, per tutto quell'assalto
Punto non fu da me guardare sciolta.

Se la lucerna, che ti menà in alto,
Truovi nel tuo arbitrio tanta cera,
Quant' è mestiero insino al sommo smalto,

Cominciò ella, se novella vera
Di Valdimagra, o di parte vicina
Sai, dilla a me, che già grande là era.

Dans le val découvert, à sa lisière extrême
Rampait un long serpent, peut-être celui même
Qui fit qu'Ève jadis mordit au doux appeau.

Par l'herbe et par les fleurs il venait, le reptile,
Tournant et retournant sa tête rétractile,
Et se léchant le dos et se lissant la peau.

Comment à ce moment chassent le monstre horrible
Les deux autours divins, le dire est impossible;
Mais je les vis tous deux qui volaient dans le val.

En sentant l'air frémir sous leurs ailes rapides,
Le serpent de s'enfuir, et les anges placides
A leur poste premier montent d'un vol égal.

Pour l'ombre qui s'était du juge rapprochée
A son appel, sa vue était comme attachée
Sur moi dans tout le temps qu'avait duré l'assaut.

« Puisse le pur flambeau dont la flamme t'éclaire
Trouver dans ton désir l'aliment nécessaire
Pour te conduire au faîte et brûler jusqu'en haut !

Mais du Val di Magra, si tu sais, me dit-elle,
Ou des pays voisins quelque bonne nouvelle,
Parle-moi, car là-bas je fus puissant un jour.

Chiamato fui Currado Malaspina.
Non son l' antico, ma di lui discesi:
A' miei portai l' amor, che qui raffina.

Oh, dissi lui, per li vostri paesi
Giammai non fui: ma dove si dimora
Per tutta Europa, ch' ei non sien palesi?

La fama, che la vostra casa onora,
Grida i signori, e grida la contrada,
Sì che ne sa chi non vi fu ancora.

Ed io vi giuro, s' io di sopra vada,
Che vostra gente onrata non si sfregia
Del pregio della borsa, e della spada.

Uso, e natura sì la privilegia,
Che perchè 'l capo reo lo mondo torca,
Sola va dritta, e 'l mal cammin dispregia.

Ed egli: Or va, che 'l Sol non si ricorca
Sette volte nel letto, che 'l Montone
Con tutti e quattro i piè cuopre, ed inforca,

Che cotesta cortese opinione
Ti sia chiavata in mezzo della testa
Con maggior chiovi, che d' altrui sermone:

Se corso di giudicio non s' arresta.

Conrad Malaspina (5), si tu veux me connaître,
Fut mon nom, et Conrad l'ancien fut mon ancêtre.
J'aimais les miens; ici j'épure cet amour. »

— « Votre terre par moi ne fut pas visitée ;
Mais est-il un seul coin de l'Europe habitée
Où n'ait pas votre nom étendu son essor ?

La gloire où s'éleva votre race honorée
Signale les seigneurs autant que la contrée,
Et les connaît celui qui ne les vit encor.

Je le jure, et puisse être aussi bien assurée
Ma route vers le ciel ! Votre race admirée
N'a pas perdu son prix de fortune et d'honneur.

Grâce à son naturel et ses bonnes pratiques,
Quand le monde se perd en des chemins obliques,
Seule elle marche droit et du mal a l'horreur. »

Et lui : « Va maintenant, avant qu'un long temps passe,
Avant que le soleil sept fois rentre en l'espace
Qu'avec ses quatre pieds enfourche le Bélier (6),

Ta bonne opinion de nous, courtois poëte,
Te sera mieux clouée au milieu de la tête
Que par tous les discours qu'on pourrait publier,

Si Dieu n'interrompt pas son ordre régulier (7). »

NOTES DU CHANT VIII.

(1) *Te lucis*, premiers mots de l'hymne de saint Ambroise que l'Église chante à complies : *Te lucis ante terminum, Rerum creator optime.* « Avant la fin du jour nous te louons, souverain Créateur de l'univers. »

(2) Nino Visconti de Pise, juge dans le district de Gallura, en Sardaigne, chef du parti Guelfe.

(3) Béatrix d'Este, épouse de Nino, avait épousé en secondes noces Galéas Visconti de Milan, qui avait dans ses armes un serpent.

(4) Les trois étoiles figurent symboliquement les trois vertus théologales et les quatre autres les vertus cardinales. (Voir au chant I du Purgatoire.)

(5) Conrad Malaspina était seigneur de la Lunigiana où se trouve le canton de Val di Magra.

(6) Avant sept ans révolus, par conséquent.

(7) Allusion à l'hospitalité que Dante exilé recevra dans la maison d'un Malaspina. A la faveur de cette prédiction après coup, Dante, on le voit, paie un délicat tribut de reconnaissance à son bienfaiteur.

ARGUMENT DU CHANT IX.

Dante s'endort dans la vallée. Il voit en songe un aigle aux ailes d'or qui l'enlève jusqu'à la région du feu. Quand il se réveille, il est à l'entrée du Purgatoire où il a été transporté pendant son sommeil par Lucie ou la Grâce illuminante. La porte en est gardée par un ange. Dante demande à l'ange la permission d'entrer. L'ange l'accorde et du bout de son épée grave sur le front du poëte sept fois la lettre P comme un symbole des sept péchés capitaux.

CANTO NONO.

La concubina di Titone antico,
Già s' imbiancava al balzo d' Oriente,
Fuor delle braccia del suo dolce amico:

Di gemme la sua fronte era lucente,
Poste 'n figura del freddo animale,
Che con la coda percuote la gente:

E la Notte de' passi, con che sale,
Fatti avea duo nel luogo, ov' eravamo,
E 'l terzo già chinava 'ngiuso l' ale:

Quand' io, che meco avea di quel d' Adamo,
Vinto dal sonno in su l' erba inchinai,
Là 've già tutt' e cinque sedevamo.

CHANT NEUVIÈME.

De l'antique Tithon l'amante matinale
Au bord de l'Orient souriait encor pâle,
En s'échappant des bras de son doux bien-aimé ;

Des perles rayonnaient au sommet de sa tête,
Et figuraient le corps de cette froide bête
Qui nous bat de sa queue au dard envenimé (1) ;

Et la nuit avait fait en ces hautes demeures
Deux de ses quatre pas composés de trois heures,
Et déjà repliait son aile à l'horizon,

Quand moi, traînant la chair de notre premier père,
Vaincu par le sommeil, je me couchai par terre,
Où nous étions tous cinq assis, sur le gazon.

CANTO IX.

Nell' ora, che comincia i tristi lai
La rondinella presso alla mattina,
Forse a memoria de' suoi primi guai,

E che la mente nostra pellegrina
Più dalla carne, e men da' pensier presa,
Alle sue vision quasi è divina,

In sogno mi parea veder sospesa
Un' aquila nel Ciel con penne d' oro,
Con l' ale aperte, ed a calare intesa:

Ed esser mi parea là dove foro
Abbandonati i suoi da Ganimede,
Quando fu ratto al sommo concistoro.

Fra me pensava: Forse questa fiede
Pur qui per uso, e forse d' altro loco
Disdegna di portarne suso in piede.

Poi mi parea, che più rotata un poco,
Terribil, come folgor, discendesse
E me rapisse suso infino al foco.

Ivi parea, ch' ella ed io ardesse,
E sì lo 'ncendio immaginato cosse,
Che convenne, che 'l sonno si rompesse.

CHANT IX.

A la pointe du jour, à l'heure où l'hirondelle
Commence à moduler sa triste ritournelle,
Peut-être en souvenir de ses premiers chagrins (2),

A cette heure où notre âme au corps presque étrangère,
Et pour un temps soustraite aux pensers de la terre,
Paraît transfigurée en des rêves divins,

En songe je crus voir dans le ciel se suspendre
Un aigle aux plumes d'or, s'apprêtant à descendre
Et déjà déployant ses ailes dans l'éther.

Et moi, je me croyais sur le mont (3) où sans aide
Abandonna les siens autrefois Ganymède,
Quand au divin banquet le porta Jupiter.

Peut-être, me disais-je, est-ce ici que giboye
Cet aigle; c'est ici qu'il vient chercher sa proie,
Dédaignant de porter sa serre en autre lieu.

Ensuite il me semblait que comme une tempête
Terrible il tournoyait et fondait sur ma tête,
Et m'enlevait jusques aux régions du feu (4).

Et là, cet aigle et moi tous les deux nous brûlâmes,
Et si fort m'étreignaient les chimériques flammes
Que mon sommeil soudain en fut interrompu.

Non altrimenti Achille si riscosse,
Gli occhi svegliati rivolgendo in giro,
E non sapendo là, dove si fosse:

Quando la madre da Chirone a Sciro
Trafugò lui dormendo in le sue braccia,
Là onde poi gli Greci il dipartiro:

Che mi scoss' io, sì come dalla faccia
Mi fuggio 'l sonno, e dividentai smorto,
Come fa l' uom, che spaventato agghiaccia.

Dallato m' era solo il mio conforto,
E 'l Sole er' alto già, più che due ore,
E 'l viso m' era alla marina torto:

Non aver tema, disse 'l mio signore:
Fatti sicur, chè noi siamo a buon punto:
Non stringer, ma rallarga ogni vigore.

Tu se' omai al Purgatorio giunto:
Vedi là il balzo, che 'l chiude d' intorno:
Vedi l' entrata là, 've par disgiunto.

Dianzi nell' alba che precede al giorno,
Quando l' anima tua dentro dormia,
Sopra li fiori, onde laggiù è adorno,

Tel jadis tressaillit à son réveil Achille,
Tel il dut promener tout à l'entour de l'île
Ses regards étonnés d'un pays inconnu,

Quand au maître Chiron le prit Thétis tremblante,
Et dormant l'emporta dans ses bras, palpitante,
A Scyros d'où les Grecs l'amenèrent plus tard :

Ainsi je tressaillis, chassant de ma prunelle
Le sommeil, et couvert d'une pâleur mortelle
Comme un homme glacé d'épouvante et hagard.

Tout seul à mes côtés était resté le sage.
Le soleil mesurait deux heures; mon visage
Était encor tourné du côté de la mer.

« Sois sans crainte à présent, dit mon seigneur et maître,
Rassure-toi, le port à nos yeux va paraître ;
Ouvre à l'espoir ton cœur au lieu de le fermer.

Nous voici parvenus au seuil du Purgatoire.
Vois ce rocher fermant l'enceinte expiatoire
Et l'entrée à l'endroit où le roc est fendu.

Pendant l'aube, du jour messagère voilée,
Quand ton âme dormait là-bas dans la vallée,
Où sur l'émail des fleurs tu t'étais étendu,

Venne una donna, e disse: I' son Lucia:
Lasciatemi pigliar costui, che dorme:
Sì l' agevolerò per la sua via.

Sordel rimase, e l' altre gentil forme:
Ella ti tolse, e come 'l dì fu chiaro,
Sen venne suso, ed io per le su' orme.

Qui ti posò: e pria mi dimostraro
Gli occhi suoi belli quell' entrata aperta:
Poi ella e 'l sonno ad una se n' andaro.

A guisa d' uom, che in dubbio si raccerta,
E che muti 'n conforto sua paura,
Poi che la verità gli è discoverta,

Mi cambia' io: e come senza cura
Videmi 'l Duca mio, su per lo balzo
Si mosse, ed io diretro 'nver l' altura.

Lettor, tu vedi ben, com' io innalzo
La mia materia, e però con più arte
Non ti maravigliar s' io la rincalzo.

Noi ci appressammo, ed eravamo in parte,
Che là, dove pareami in prima un rotto,
Pur com' un fesso, che muro diparte,

Une dame est venue et dit : Je suis Lucie,
Je veux aider cet homme en sa route hardie,
Laissez-moi l'emporter endormi dans mes bras.

Lors restèrent Sordel et les deux nobles ombres :
Elle te prit, et quand le jour luit aux cieux sombres,
Elle vint sur ce mont où je suivis ses pas.

Ici te déposa, ses beaux yeux par avance
M'ayant montré la porte ouverte à l'espérance,
Et puis dame et sommeil s'enfuirent tous les deux. »

Comme un homme inquiet qui reprend assurance
Et convertit soudain sa crainte en confiance,
Lorsque la vérité se découvre à ses yeux :

J'avais changé mon cœur, et me voyant sans crainte,
Mon guide s'était mis en marche vers l'enceinte,
Et moi j'allais derrière en montant le rempart.

Lecteur, tu vois combien s'élève mon poëme :
Donc ne sois pas surpris si, grandissant mon thème,
Ma muse le remplit avec un plus grand art.

Déjà nous arrivions plus près de l'ouverture,
Qui figurait de loin comme une déchirure,
Un huis étroit creusé dans le mur spacieux.

CANTO IX.

Vidi una porta, e tre gradi di sotto
Per gire ad essa di color diversi,
Ed un portier, ch' ancor non facea motto.

E come l' occhio più e più v' apersi,
Vidil seder sopra il grado soprano,
Tal nella faccia, ch' io non lo soffersi:

E una spada nuda aveva in mano,
Che rifletteva i raggi sì ver noi,
Ch' io dirizzava spesso il viso in vano.

Ditel costinci, che volete voi?
Cominciò agli a dire: ov' è la scorta?
Guardate, che 'l venir su non vi nôi.

Donna del Ciel, di queste cose accorta,
Rispose 'l mio Maestro a lui, pur dianzi
Ne disse: Andate là, quivi è la porta.

Ed ella i passi vostri in bene avanzi,
Ricominciò 'l cortese portinaio:
Venite dunque a' nostri gradi innanzi.

Là ne venimmo, e lo scaglion primaio
Bianco marmo era sì pulito e terso,
Ch' io mi specchiava in esso, quale i' paio.

CHANT IX.

J'aperçus une porte, et dessus cette porte
Trois degrés différents, peints d'une triple sorte;
Au bas, l'ange-portier encor silencieux.

Regardant de plus près, en hâtant notre marche,
Je l'aperçus assis sur la première marche.
Son front resplendissait que j'en fus ébloui.

Une épée en sa main reluisait toute nue,
Réfléchissant sur nous ses rayons, et ma vue
Essayait vainement de se fixer sur lui.

— «Parlez sans avancer : que voulez-vous? dit l'ange,
Qui vous amène ici? Votre audace est étrange,
Et ne craignez-vous point de regretter vos pas?»

— «Quelqu'un qui sait pourquoi, dans le ciel qui demeure,
Répondit mon seigneur à l'ange, est tout à l'heure
Venu nous dire : «Allez, voilà le seuil là-bas!»

— «Qu'elle guide vos pas en bienheureux voyage!»
Dit avec grâce alors le gardien à mon sage.
«Montez: à nos degrés vous pouvez comparoir.»

Nous vînmes; le premier échelon de la rampe
Était un marbre blanc d'une si belle trempe
Que je m'y regardais comme dans un miroir.

Era 'l secondo tinto, più che perso,
D' una petrina ruvida e arsiccia,
Crepata per lo lungo, e per traverso.

Lo terzo, che di sopra s' ammassiccia,
Porfido mi parea sì fiammeggiante,
Come sangue, che fuor di vena spiccia.

Sopra questo teneva ambo le piante
L' Angel di Dio, sedendo in su la soglia,
Che mi sembiava pietra di diamante.

Per li tre gradi su di buona voglia
Mi trasse 'l Duca mio, dicendo: Chiedi
Umilemente, che 'l serrame scioglia.

Divoto mi gittai a' santi piedi:
Misericordia chiesi, che m' aprisse,
Ma pria nel petto tre fiate mi diedi.

Sette P nella fronte mi descrisse
Col punton della spada, e: Fa che lavi,
Quando se' dentro, queste piaghe, disse.

Cenere, o terra, che secca si cavi,
D'un color fora col suo vestimento:
E di sotto da quel trasse duo chiavi.

CHANT IX.

Le second me semblait d'une teinte rouillée,
De pierre raboteuse et comme au feu grillée
Et partout crevassée, en long comme en travers.

Le plus haut, le troisième, était tout de porphyre
Et d'un rouge de feu plus ardent, à vrai dire,
Que le sang qui jaillit hors des vaisseaux ouverts (5).

Sur ce dernier degré le pied de l'ange porte ;
Il se tenait assis sur le seuil de la porte
Qui me semblait formé d'un bloc de diamant.

Sus par les trois degrés j'allai de bonne grâce.
Mon guide m'entraînait, me disant à voix basse :
« De nous ouvrir le seuil requiers l'ange humblement ! »

Lors à ses pieds sacrés plein de foi je m'incline,
Et par trois fois d'abord me frappant la poitrine,
Je l'adjure d'ouvrir par la grâce de Dieu.

Du bout de son épée à mon front l'ange grave
Sept P (6), en me disant : « Que ton repentir lave,
Quand tu seras entré, ces stigmates de feu ! »

Ensuite de dessous sa robe nuancée
D'une couleur de terre et de cendre foncée
L'ange qui me parlait avait tiré deux clés.

L' un' era d' oro, e l' altra era d' argento :
Pria con la bianca, e poscia con la gialla
Fece alla porta sì, ch' i' fui contento.

Quandunque l' una d' este chiavi falla,
Che non si volga dritta per la toppa,
Diss' egli a noi, non s' apre questa calla.

Più cara è l' una, ma altra vuol troppa
D' arte e d' ingegno, avanti che disserri,
Perch' ell' è quella, che 'l nodo disgroppa.

Da Pier le tengo : e dissemi, ch' io erri
Anzi ad aprir, ch' a tenerla serrata,
Pur che la gente a' piedi mi s' atterri.

Poi pinse l' uscio alla porta sacrata,
Dicendo : Entrate, ma facciovi accorti,
Che di fuor torna, chi 'ndietro si guata.

E quando fur ne' cardini distorti
Gli spigoli di quella regge sacra,
Che di metallo son sonanti e forti,

Non ruggio sì, nè si mostrò sì acra
Tarpeia, come tolto le fu 'l buono
Metello, per che poi rimase macra.

La première était d'or, et l'autre d'argent. L'ange
Met la blanche d'abord dans le pêne, puis change
Et prend la jaune : alors mes vœux furent comblés.

« Quand l'une des deux clés faillit à l'ouverture
Et ne s'ajuste pas, dit-il, dans la serrure,
Cet huis ne s'ouvre pas et l'on reste dehors.

Si l'une a plus de prix, la seconde demande
Plus grand art pour ouvrir et sagesse plus grande,
Car c'est elle qui fait détendre les ressorts (7).

De Pierre je les tiens, et m'a commandé Pierre,
Pourvu que le pécheur devant mes pieds s'atterre,
D'ouvrir à tort plutôt qu'à tort le repousser.

Lors touchant le battant de la porte sacrée :
« Entrez donc, mais sachez qu'ayant passé l'entrée,
Un regard en arrière oblige à rebrousser. »

Du royaume sacré les portes s'ébranlèrent,
Les crampons détendus s'ouvrirent et roulèrent
En grinçant sur les gonds d'acier retentissant.

Jadis, quand de Marcel la valeur fut trompée,
Et le trésor vidé, les portes de Tarpée
Avec moins de fracas s'ouvraient en mugissant (8).

Io mi rivolsi attento al primo tuono,
E, *Te Deum laudamus*, mi parea
Udire in voce mista al dolce suono.

Tale immagine appunto mi rendea
Ciò, ch' i' udia, qual prender si suole,
Quando a cantar con organi si stea:

Ch' or sì, or no s' intendon le parole.

Je me tournai, l'oreille au moindre écho tendue,
Et crus ouïr des voix chantant dans l'étendue,
Au bruit de doux accords: *Te deum laudamus!*

Et moi, je ressentais à cette hymne lointaine
La tendre émotion que fait la voix humaine
Lorsque l'orgue marie au chant ses sons émus,

Qu'ores la voix s'entend, ores ne s'entend plus.

NOTES DU CHANT IX.

(1) Étoiles figurant la constellation du Scorpion.

(2) Allusion à la fable de Progné.

(3) Le mont Ida.

(4) La région du feu, suivant la cosmographie ancienne, était au-dessus de l'air, sous le ciel de la lune.

(5) Ces trois degrés symboliques du sacrement de la pénitence signifient sans doute, le premier, de marbre blanc, la candeur de la confession; le second, de pierre rouillée et raboteuse, les effets de la contrition sur le cœur endurci du pécheur; le troisième, de porphyre, la purification ou la charité.

(6) Symbole des sept péchés capitaux. A chaque cercle du Purgatoire qu'il franchira, Dante verra s'effacer l'une de ces lettres.

(7) La clef d'argent représente la sagesse nécessaire au prêtre pour juger, la clef d'or l'autorité que l'Église lui donne d'absoudre. La clef d'or a donc plus de prix, la clef d'argent est d'un emploi plus difficile.

(8) César força l'entrée du trésor public qui fut vidé malgré la résistance de Métellus. Dante se souvient ici de Lucain et de ces vers d'une si belle harmonie imitative qu'il imite avec bonheur :

Tunc rupes Tarpeia sonat, magnoque reclusas
Testatur stridore fores.

(*Pharsale*, livre III.)

ARGUMENT DU CHANT X.

-Ayant franchi la porte du Purgatoire, les deux poëtes montent par un sentier tournant et escarpé jusqu'au premier cercle. Ils s'arrêtent sur un plateau étroit bordé de bas-reliefs représentant divers exemples d'humilité empruntés à l'Évangile, à la Bible et à l'histoire romaine. Ces traits d'humilité sont la leçon des orgueilleux qui expient leur péché dans ce premier cercle du Purgatoire et que Dante voit venir à lui courbés sous d'énormes fardeaux.

CANTO DECIMO.

Poi fummo dentro al soglio della porta,
Che 'l malo amor dell' anime disusa,
Perchè fa parer dritta la via torta,

Sonando la senti' esser richiusa:
E s' i' avessi gli occhi volti ad essa,
Qual fora stata al fallo degna scusa?

Noi salivam per una pietra fessa,
Che si moveva d' una e d' altra parte,
Sì come l' onda, che fugge, e s' appressa.

Qui si convien usare un poco d' arte,
Cominciò 'l Duca mio, in accostarsi
Or quinci or quindi al lato, che si parte.

CHANT DIXIÈME.

Quand nous eûmes franchi la porte verrouillée
Que le mauvais penchant des cœurs laisse enrouillée,
Faisant paraître droit le tortueux sentier,

En grondant se ferma sur nous le seuil de pierre.
Si j'eusse alors tourné mes regards en arrière,
Quelle excuse aurais-je eue à me justifier?

Nous montions par le creux d'une roche profonde
Qui serpentait à droite, à gauche, comme une onde
Qui tantôt fuit, tantôt s'approche de ses bords.

— « Il importe d'user ici d'un peu d'adresse,
Me dit mon maître, il faut qu'avec soin le pied presse,
Tantôt ci, tantôt là, suivant le sentier tors. »

E ciò fece li nostri passi scarsi
Tanto, che pria lo stremo della luna
Rigiunse al letto suo, per ricorcarsi,

Che noi fossimo fuor di quella cruna.
Ma quando fummo liberi ed aperti
Su, dove 'l monte indietro si rauna,

Io stancato, e amendue incerti
Di nostra via, ristemmo sur un piano
Solingo più, che strade per diserti.

Dalla sua sponda, ove confina il vano,
Appiè dell' altra ripa, che pur sale,
Misurrebbe in tre volte un corpo umano:

E quanto l' occhio mio potea trar d' ale
Or dal sinistro, ed or dal destro fianco;
Questa cornice mi parea cotale.

Lassù non eran mossi i piè nostri anco,
Quand' io conobbi quella ripa intorno,
Che dritto di salita aveva manco,

Esser di marmo candido, e adorno
D' intagli sì, che non pur Policleto,
Ma la natura lì averebbe scorno,

Ce soin avait rendu notre marche si lente
Que le disque pâli de la lune indolente
Déjà disparaissait à l'horizon couvert,

Devant que nous fussions sortis de la ravine;
Mais alors que le mont en arrière s'incline
Et nous dégage enfin sous un ciel plus ouvert,

Moi, brisé de fatigue, et tous les deux en doute,
Et ne sachant par où poursuivre notre route,
Sur un plateau désert nous demeurons sans voix.

Du bord de la corniche où confine le vide
Jusqu'au bord où le roc dresse son col rapide,
On n'eût pu mesurer un homme que trois fois.

Et partout où volait mon œil dans l'étendue,
A droite comme à gauche, où que tendît ma vue,
Le plateau paraissait de la même largeur.

Nous n'avions pas encor bougé de notre place,
Lorsque je m'aperçus qu'autour de la terrasse
Dont le pic défiait le pied du voyageur,

Régnait un marbre blanc enrichi de sculpture,
Telle que Polyclète et même la nature
Eussent été forcés de s'avouer vaincus.

L' Angel, che venne in terra col decreto
Della molt' anni lagrimata pace,
Ch' aperse 'l Ciel dal suo lungo divieto,

Dinanzi a noi pareva sì verace,
Quivi intagliato in un atto soave,
Che non sembiava immagine, che tace.

Giurato si saria, ch' ei dicesse *Ave*:
Perchè quivi era immaginata quella,
Ch' ad aprir l' alto amor volse la chiave.

Ed avea in atto impressa esta favella,
Ecce ancilla Dei! sì propriamente,
Come figura in cera si suggella.

Non tener pure ad un luogo la mente,
Disse 'l dolce Maestro, che m' avea
Da quella parte, onde 'l cuore ha la gente:

Perch' io mi mossi col viso, e vedea
Diretro da Maria per quella costa,
Onde m' era colui, chi mi movea,

Un' altra storia nella roccia imposta:
Perch' io varcai Virgilio, e femmi presso,
Acciocchè fosse agli occhi miei disposta.

L'ange (1) qui vint porter à la terre éplorée
La paix par tant de pleurs si longtemps implorée,
Et qui rouvrit le ciel où l'on n'arrivait plus,

Était figuré là, si vivant, si céleste,
Si suave et si vrai d'attitude et de geste,
Qu'il ne paraissait pas marbre muet et vain;

On eût juré l'ouïr dire : *Ave*, car tout proche
Était sculptée aussi la Vierge sans reproche
Qui du divin amour tint les clefs dans sa main.

Son maintien exprimait si bien cette parole :
Ecc' ancilla Dei! que sur la cire molle
Le portrait qui s'imprime a moins de vérité.

« Ne tiens pas si longtemps attaché ton visage
Sur un point seulement, » me dit lors le doux sage,
Me tenant près du cœur, debout à son côté.

Je regardai plus loin, et dans la galerie
J'avisai du regard, par derrière Marie,
Du côté qu'occupait mon noble conducteur,

Une autre histoire encor imprimée en la roche.
Je devançai Virgile et je m'en fus tout proche,
Pour mieux considérer le travail du sculpteur.

Era intagliato lì nel marmo stesso
Lo carro, e i buoi, traendo l' arca santa,
Perchè si teme ufficio non commesso.

Dinanzi parea gente, e tutta quanta
Partita in sette cori, a' duo miei sensi
Faceva dicer l' un No, l' altro Sì, canta.

Similemente al fummo degl' incensi,
Che v' era immaginato, e gli occhi e 'l naso,
Ed al sì, ed al no discordi fensi.

Lì precedeva al benedetto vaso,
Trescando alzato l' umile Salmista,
E più e men, che re era 'n quel caso.

Di contra effigiata ad una vista
D' un gran palazzo Micol l' ammirava,
Sì come donna dispettosa e trista.

I' mossi i pie' del luogo, dov' io stava,
Per avvisar da presso un' altra storia,
Che diretro a Micol mi biancheggiava.

Quiv' era storiata l' alta gloria
Del roman prince, lo cui gran valore
Mosse Gregorio alla sua gran vittoria:

Dans le marbre taillés se voyaient l'arche sainte,
Et les bœufs et le char : ô souvenir de crainte!
Pour qui prend un emploi que Dieu n'a pas fait sien (2)!

Devant l'arche, le peuple en sept chœurs, ô merveille!
Mettait en désaccord ma vue et mon oreille.
Je le voyais chanter et je n'entendais rien.

Ainsi des encensoirs sur le marbre imprimée
Je voyais clairement s'élever la fumée,
Et des yeux l'odorat niait l'illusion.

Précédant le saint vase et le sacré cortége,
Exultait et dansait l'humble et royal chorège,
Moins qu'un roi, plus qu'un roi dans cette occasion.

Et sur l'arrière-plan, vis-à-vis du Psalmiste,
Son épouse Michol, l'air dédaigneux et triste,
Au balcon d'un palais, de loin le regardait (3).

De l'endroit où j'étais je m'écarte avec peine,
Pour contempler de près encore une autre scène
Qui derrière Michol en blanc se dessinait.

Ici resplendissait dans l'éclat de sa gloire
Le monarque romain pour qui s'émut Grégoire (4),
Et pour qui de l'enfer ce pape fut vainqueur.

Io dico di Traiano imperadore:
Ed una vedovella gli era al freno
Di lagrime atteggiata e di dolore,

Dintorno a lui parea calcato e pieno
Di cavalieri, e l' aguglie nell' oro
Sovr' esso in vista al vento si moviéno.

La miserella infra tutti costoro
Parea dicer: Signor, fammi vendetta
Del mio figliuol, ch' è morto, ond' io m' accoro;

Ed egli a lei rispondere: Ora aspetta
Tanto, ch' io torni; ed ella: Signor mio,
Come persona, in cui dolor s' affretta,

Se tu non torni? ed ei: Chi fia, dov' io,
La ti farà: ed ella: L' altrui bene
A te che fia, se 'l tuo metti in obblio?

Ond' egli: Or ti conforta: che conviene,
Ch' io solva il mio dovere, anzi ch' io muova,
Giustizia vuole, e pietà mi ritiene.

Colui, che mai non vide cosa nuova,
Produsse esto visibile parlare,
Novello a noi, perchè qui non si truova.

CHANT X.

De l'empereur Trajan c'est l'image sacrée :
Au frein de son cheval une veuve éplorée
S'attachait sanglotante et folle de douleur.

Autour de lui couvraient et piétinaient la terre
Les soldats, les coursiers, et de chaque bannière
Les aigles d'or au vent flottaient sur l'empereur.

La pauvrette, au milieu de tout ce monde en armes,
Semblait dire : « Seigneur, venge-moi de mes larmes,
De la mort de mon fils qui m'a brisé le cœur ! »

Lui de répondre : « Attends mon retour de la guerre. »
Mais elle, s'emportant dans sa douleur de mère :
« O mon Seigneur, et si tu ne revenais plus ? »

— « Mon successeur saura te venger. » Mais la femme :
« Que pourra le bienfait d'un autre pour ton âme,
Si tes propres devoirs tu les as méconnus ? »

Et lui : « Prends donc courage ! Il convient que j'acquitte
Ce devoir que tu dis, sur place et tout de suite ;
La justice le veut, la pitié me retient. »

Celui qui ne voit rien de neuf ni d'impossible
Avait imprimé là ce langage visible
Auquel notre art humain jamais, lui, ne parvient.

Mentr' io mi dilettava di guardare
L' immagini di tante umilitadi,
E per lo fabbro loro a veder care;

Ecco di qua, ma fanno i passi radi,
Marmorava 'l Poeta, molte genti :
Questi ne 'nvieranno agli alti gradi.

Gli occhi miei, ch' a mirar erano intenti,
Per veder novitadi, onde son vaghi,
Volgendosi ver lui non furon lenti.

Non vo' però, Lettor, che tu ti smaghi
Di buon proponimento, per udire,
Come Dio vuol, che 'l debito si paghi.

Non attender la forma del martire :
Pensa la succession : pensa ch' a peggio,
Oltre la gran sentenzia non può ire.

Io cominciai : Maestro, quel, ch' i' veggio
Muover ver noi, non mi sembran persone,
E non so che; sì nel veder vaneggio.

Ed egli a me : La grave condizione
Di lor tormento a 'terra gli rannicchia,
Sì, che i mie' occhi pria n' ebber tenzone.

CHANT X.

Tandis que mon regard se délectait avide
A voir tous ces tableaux d'humilité splendide,
Et que rehausse encor la main de l'ouvrier :

« Voici venir, me dit le poëte à voix basse,
Beaucoup d'ombres marchant à pas lents ; par leur grâce
A des degrés plus haut nous pourrons nous fier. »

Soudain, impatients de voir nouveaux spectacles,
Mes regards absorbés déjà par ces miracles,
Devers lui se tournant, demeurent attachés.

Lecteur, je ne veux pas que tu perdes courage,
Et que les bons pensers fassent chez toi naufrage,
Oyant comme Dieu veut qu'on paye ses péchés.

Ne considère pas les rigueurs du martyre ;
Songe à ce qui suivra ; pense qu'à tout le pire,
Il doit finir au jour du dernier jugement.

Je dis : « Ce que je vois venir vers nous, ô maître,
Sont-ce des ombres, ou qu'est-ce que ce peut être ?
Car cet étrange aspect confond mon sentiment. »

Et lui : « De leur tourment tel est le caractère.
Il les tient ramassés et courbés vers la terre
Tant, que mes yeux aussi d'abord avaient douté.

Ma guarda fiso là, e disviticchia
Col viso quel, che vien sotto a quei sassi:
Già scorger puoi, come ciascun si picchia.

O superbi cristian miseri lassi,
Che della vista della mente infermi,
Fidanza avete ne' ritrosi passi:

Non v' accorgete voi, che noi siam vermi,
Nati a formar l' angelica farfalla,
Che vola alla giustizia senza schermi?

Di che l' anima vostra in alto galla?
Poi siete quasi entomata in difetto,
Sì come verme, in cui formazion falla.

Come per sostentar solaio, o tetto,
Per mensola talvolta una figura
Si vede giunger le ginocchia al petto,

La qual fa del non ver vera rancura
Nascere, a chi la vede; così fatti
Vid' io color, quando posi ben cura.

Vero è, che più e meno eran contratti,
Secondo ch' avean più e meno addosso:
E qual più pazienza avea negli atti,

Piangendo parea dicer: Più non posso.

Mais redresse en esprit, fixant là tes paupières,
Ce qui marche vers nous ployé dessous ces pierres;
Tu vois déjà comment chacun est tourmenté. »

O superbes chrétiens, accablés de misère !
Aveugles de l'esprit, qui marchez en arrière
Et qui vous confiez dans ce mauvais chemin !

Nous sommes, et pour vous n'est-ce pas manifeste?
Des vers nés pour former le papillon céleste
Qui vole sans défense au tribunal divin !

Et de quoi votre esprit enfle-t-il sa superbe?
Embryons imparfaits, cirons perdus sous l'herbe,
Vermisseaux avortés avant l'achèvement !

Comme sous un plafond ou sous une toiture,
Souvent, formant support, on voit une figure
Dont le sein aux genoux se joint péniblement :

Aux yeux du spectateur sa dolente apparence
Fait naître une rancœur et réelle souffrance :
Tels s'offraient à mes yeux ces esprits courbattus.

Ils étaient plus ou moins contractés d'attitude,
Suivant que sur chacun le fardeau pesait rude;
Mais les plus résignés et les mieux résolus

Semblaient en gémissant dire : Je n'en puis plus !

NOTES DU CHANT X.

(1) L'ange Gabriel qui vint annoncer à Marie l'enfantement de Jésus-Christ.

(2) Allusion à l'histoire d'Oza, qui fut frappé de mort au moment où il essayait de soutenir l'arche près de tomber.

(3) Il semblait à l'orgueil de Michol que David abaissait la majesté royale en dansant devant l'arche.

(4) Grégoire-le-Grand, suivant une légende, lisant un jour la vie de Trajan, fut si frappé des vertus de cet empereur et fit tant par ses prières, qu'il obtint de Dieu de tirer son âme de l'Enfer.

ARGUMENT DU CHANT XI.

Les orgueilleux marchent en récitant une paraphrase de l'oraison dominicale. L'un d'eux, Humbert, indique aux voyageurs leur chemin. Puis Dante reconnaît dans les rangs le miniaturiste Oderisi d'Agobbio, qui lui parle avec une éloquente amertume de la vanité de la gloire humaine.

CANTO UNDECIMO.

O Padre nostro, che ne' Cieli stai,
Non circonscritto, ma per più amore
Ch' a' primi effetti di lassù tu hai,

Laudato sia 'l tuo nome, e 'l tuo valore
Da ogni creatura, com' è degno
Di render grazie al tuo dolce vapore.

Venga ver noi la pace del tuo regno,
Chè noi ad essa non potem da noi,
S' ella non vien, con tutto nostro 'ngegno.

Come del suo voler gli angeli tuoi
Fan sacrificio a te, cantando Osanna,
Così facciano gli uomini de' suoi.

CHANT ONZIÈME.

« O notre Père, ô toi qui dans le ciel habites,
Non que le firmament t'enferme en ses limites,
Mais par un tendre amour pour tes tout premiers-nés :

Que loués soient ton nom ainsi que ta puissance !
Que tout être s'incline avec reconnaissance
Devant les doux parfums de ton trône émanés !

Vienne vers nous la paix de ton règne et la joie,
Car si ce n'est, Seigneur, ta main qui nous l'envoie,
Malgré tous nos efforts, nous n'y pourrons aller.

De leur propre vouloir de même que tes anges
Te font le sacrifice en chantant tes louanges,
Puissent tous leurs désirs les hommes t'immoler !

Dà oggi a noi la cotidiana manna,
Senza la qual per questo aspro diserto
A retro va, chi più di gir s' affanna.

E come noi lo mal, ch' avem sofferto,
Perdoniamo a ciascuno, e tu perdona
Benigno, e non guardare al nostro merto.

Nostra virtù, che di leggier s' adona,
Non spermentar con l' antico avversaro,
Ma libera da lui, che sì la sprona.

Quest' ultima preghiera : Signor caro,
Già non si fa per noi, che non bisogna;
Ma per color, che dietro a noi restaro.

Così a sè, noi buona ramogna
Quell' ombre orando, andavan sotto 'l pondo
Simile a quel, che tal volta si sogna,

Disparmente angosciate tutte a tondo,
E lasse su per la prima cornice,
Purgando le caligini del mondo.

Se di là sempre ben per noi si dice,
Di qua che dire, e far per lor si puote
Da quei, ch' hanno al voler buona radice ?

Donne-nous aujourd'hui la manne journalière
Sans laquelle le plus fervent marche en arrière
Dans cet âpre désert de notre humanité.

Comme nous pardonnons les offenses des autres,
Ainsi pardonne-nous, ô Dieu clément, les nôtres
Et ne regarde pas à notre indignité.

Contre notre vertu si faible et si précaire,
N'arme pas, ô Seigneur, notre antique adversaire,
Délivre-nous plutôt des assauts du malin.

Nous n'avons plus besoin, nous, de cette prière.
Dieu bon! nous la faisons pour ceux qui sur la terre
Sont encore après nous demeurés en chemin. »

Ainsi priant le ciel et pour nous et pour elles,
Ces ombres s'en allaient sous leurs charges cruelles,
Semblables à ces poids que l'on porte en rêvant.

Et toutes se traînant sur la corniche ronde,
Et se purifiant des noirs brouillards du monde,
Sous leur faix inégal allaient en se suivant.

Si ces ombres là-bas nous donnent leur prière,
Que ne doivent point dire et faire sur la terre,
Pour leur salut, les cœurs bons et compatissants?

Ben si dee loro aitar lavar le note,
Che portàr quinci, sì che mondi e lievi
Possano uscire alle stellate ruote.

Deh se giustizia e pietà vi disgrevi
Tosto, sì che possiate muover l'ala,
Che secondo 'l disio vostro vi levi,

Mostrate, da qual mano inver la scala
Si va più corto; e se c'è più d'un varco,
Quel ne 'nsegnate, che men' erto cala:

Chè questi, che vien meco, per lo 'ncarco
Della carne d'Adamo, onde si veste,
Al montar su contra sua voglia è parco.

Le lor parole, che rendero a queste,
Che dette avea colui, cu' io seguiva,
Non fur da cui venisser manifeste:

Ma fu detto: A man destra per la riva
Con noi venite, e troverete 'l passo,
Possibile a salir persona viva.

E s' io non fossi impedito dal sasso,
Che la cervice mia superba doma,
Onde portar convienmi 'l viso basso:

Aidons-les à laver les terrestres souillures,
Secourons-les, afin que légères et pures
Elles puissent monter aux cieux resplendissants.

— « Ah! que bientôt justice et pitié vous dégrèvent!
Que vos ailes bientôt s'ouvrent et vous enlèvent
Jusqu'au but où déjà monte votre désir!

Quel est le court chemin et la voie opportune
Pour grimper la montagne, et, s'il en est plus d'une
Apprenez-nous laquelle est moins rude à gravir?

Car ce compagnon-ci, malgré son bon courage,
Peine fort à monter, chargé dans son voyage
De cette chair d'Adam dont il reste vêtu. »

A ces mots que venait de proférer mon maître,
Une voix répliqua, et je ne pus connaître
Qui d'entre les esprits nous avait répondu.

Mais la voix nous disait : « Sur la côte, à main droite,
Suivez-nous ; vous verrez une montée étroite
Où l'on peut s'engager vivant ou trépassé.

Et si je n'en étais empêché par la pierre
Qui, me courbant le col, dompte ma tête altière
Et me force à tenir le visage baissé,

Cotesti, ch' ancor vive, e non si noma,
Guardere' io, per veder s' io 'l conosco,
E per farlo pietoso a questa soma.

I' fui Latino, e nato d' un gran Tosco:
Guglielmo Aldobrandesco fu mio padre:
Non so, se 'l nome suo giammai fu vosco.

L' antico sangue, e l' opere leggiadre
De' miei maggior mi fer sì arrogante,
Che non pensando alla comune madre,

Ogni uomo ebbi 'n dispetto tanto avante,
Ch' io ne mori', come i Senesi sanno,
E sallo in Campagnatico ogni fante.

Io sono Omberto: e non pure a me danno
Superbia fe': chè tutti i miei consorti
Ha ella tratti seco nel malanno:

E qui convien ch' io questo peso porti
Per lei, tanto ch' a Dio si soddisfaccia,
Poi ch' io nol fei tra' vivi, qui tra' morti.

Ascoltanto chinai in giù la faccia:
E un di lor (non questi, che parlava)
Si torse sotto 'l peso, che lo 'mpaccia:

CHANT XI.

J'essayerais de voir si je connais cet homme,
Celui qui vit encor et qui point ne se nomme ;
Peut-être à mon tourment son cœur serait ému.

Je fus Latin et fils d'un grand Toscan ; mon père
Fut Aldobrandeschi Guillaume ; sur la terre
J'ignore si son nom jusqu'à vous est venu.

Les exploits des aïeux, l'éclat de la naissance
M'avaient enflé le cœur d'une folle arrogance.
A la mère commune alors plus ne songeant,

Je montrai des mépris insultants pour tout homme.
Ce fut ma perte, comme on sait à Sienne, et comme
A Campagnatico le dirait un enfant.

Je suis Humbert (1) : l'orgueil ne causa point ma perte
A moi seul, et la mort que par lui j'ai soufferte
Entraîna tous les miens dans le dam et le deuil.

Maintenant sous ce poids il faut que je m'incline,
Afin de contenter la justice divine.
La dette du vivant, je l'acquitte au cercueil. »

Tandis qu'en écoutant j'inclinais le visage,
Un esprit (non celui qui tenait ce langage)
Soulève, en se tordant, le fardeau douloureux,

E videmi, e conobbemi, e chiamava,
Tenendo gli occhi con fatica fisi
A me, che tutto chin con loro andava.

Oh, dissi lui, non se' tu Oderisi,
L' onor d' Agobbio, e l' onor di quell' arte,
Ch' alluminare è chiamata in Parisi?

Frate, diss' egli, più ridon le carte,
Che pennelleggia Franco Bolognese:
L' onore è tutto or suo, e mio in parte.

Ben non sare' io stato sì cortese,
Mentre ch' io vissi, per lo gran disio
Dell' eccellenza, ove mio core intese.

Di tal superbia qui si paga 'l fio:
E ancor non sarei qui, se non fosse,
Che, possendo peccar, mi volsi a Dio.

O vanagloria dell' umane posse,
Com' poco verde in su la cima dura,
Se non è giunta dall' etati grosse!

Credette Cimabue nella pintura
Tener lo campo: ed ora ha Giotto il grido,
Sì che la fama di colui oscura.

CHANT XI.

Me voit, me reconnaît, m'appelle hors d'haleine,
Tout en tenant ses yeux fixés avec grand peine
Sur moi qui tout courbé cheminais avec eux.

« Oh! dis-je, n'es-tu pas Oderisi, la gloire
D'Agobbio, l'honneur, si j'ai bonne mémoire,
De l'art qu'*enluminure* on appelle à Paris? »

« Frère, répondit-il, le seul pinceau qui plaise
Aujourd'hui, c'est celui de Franco Bolognèse.
L'honneur est tout à lui, moi je perds de mon prix.

Je n'aurais certes pas été pendant ma vie
Si courtois envers lui, quand je brûlais d'envie
D'exceller dans cet art pour qui mon cœur prit feu.

Ici d'un tel orgueil on s'acquitte : encor même
Serais-je ailleurs, n'était, qu'avant l'heure suprême,
Pouvant encor pécher, je me tournai vers Dieu.

Vaine gloire de l'homme! éphémère prestige!
Comme tous tes fleurons se fanent sur leur tige,
Si tu ne viens avant quelque âge plus grossier.

Cimabuë pouvait en peinture se croire
Resté maître du champ. A Giotto va la gloire,
Et son nom obscurcit le lustre du premier.

Così ha tolto l' uno all' altro Guido
La gloria della lingua : e forse è nato
Chi l' uno e l' altro caccerà di nido.

Non è il mondan romore altro, ch' un fiato
Di vento, ch' or vien quinci, ed or vien quindi,
E muta nome, perchè muta lato.

Che fama avrai tu più, se vecchia scindi
Da te la carne, che se fossi morto
Innanzi, che lasciassi il pappo e 'l dindi;

Pria che passin mill' anni? ch' è più corto
Spazio all' eterno, ch' un muover di ciglia,
Al cerchio, che più tardi in Cielo è torto.

Colui, che del cammin sì poco piglia
Dinanzi a me, Toscana sonò tutta,
Ed ora a pena in Siena sen' pispiglia;

Ond' era sire, quando fu distrutta
La rabbia fiorentina, che superba
Fu a quel tempo, sì com' ora è putta.

La vostra nominanza è color d' erba,
Che viene, e va, e quei la discolora,
Per cui ell' esce della terra acerba.

Ainsi dans l'art des vers, à Guide, l'ancien maître,
Un nouveau Guide (2) a pris sa couronne, et peut-être
Pour chasser le dernier un autre est enfanté (3).

La mondaine rumeur n'est rien qu'un vent qui passe,
Qui d'ici, qui de là souffle à travers l'espace
Et qui change de nom en changeant de côté.

Quelle gloire de plus restera ton partage
Si tu t'es dépouillé d'un corps miné par l'âge,
Ou si tu meurs enfant en bégayant encor,

Dans mille ans seulement, qui sont à comparaître
Devant l'éternité, ce qu'un clin d'œil peut être
Au cercle le plus lent roulant dans le ciel d'or?

L'ombre qui lentement marche devant la mienne
A rempli de son nom la Toscane : ores Sienne
A peine le murmure et se souvient de lui.

Elle y régna pourtant lorsque fut renversée
Florence, et fut brisée en sa rage insensée,
Aussi superbe alors qu'elle est vile aujourd'hui.

Ah! votre renommée a la couleur de l'herbe
Qui vient et disparaît, et de la terre acerbe
Le soleil qui l'a fait sortir la sèche aussi! »

Ed io a lui: Lo tuo ver dir m' incuora
Buona umiltà, e gran tumor m' appiani:
Ma chi è quei, di cui tu parlavi ora?

Quegli è, rispose, Provenzan Salvani,
Ed è qui, perchè fu presuntuoso
A recar Siena tutta alle sue mani.

Ito è così, e va senza riposo,
Poi che morì: cotal moneta rende
A soddisfar, chi è di là tropp' oso.

Ed io: Se quello spirito, ch' attende,
Pria che si penta, l' orlo della vita,
Laggiù dimora, e quassù non ascende,

Se buona orazion lui non aita,
Prima che passi tempo, quanto visse,
Come fu la venuta a lui largita?

Quando vivea più glorioso, disse,
Liberamente nel campo di Siena,
Ogni vergogna deposta, s' affisse.

E lì, per trar l' amico suo di pena,
Che sostenea nella prigion di Carlo,
Si condusse a tremar per ogni vena.

Je dis : « Ta voix m'emplit d'humilité pieuse
Et dégonfle en mon cœur la tumeur orgueilleuse ;
Mais quel est donc celui dont tu parlais ici ? »

— « C'est Provenzan Salvan, répondit-il : Sa place
Est ici parmi nous pour avoir eu l'audace
De prétendre tenir Sienne entière en sa main.

Il marche ainsi courbé, sans repos, sans relâche,
Depuis son dernier jour. C'est le prix, c'est la tâche
Imposés à celui qui là-bas fut trop vain. »

Et moi : « Puisque celui qui dans sa négligence
Attend la mort avant de faire pénitence,
Doit demeurer au pied du mont sans y gravir,

S'il n'a pas le secours d'une prière amie,
Pendant un temps égal à celui de sa vie,
Comment donc Provenzan put-il ici venir ? »

— « Quand il était le plus glorieux, on raconte,
Dit l'ombre, que Salvan, surmontant toute honte,
Sur la place de Sienne humble s'agenouilla,

Pour avoir la rançon et finir la souffrance
D'un ami gémissant aux fers du roi de France,
Et là de tout son corps il frémit et trembla (4).

Più non dirò, e scuro so che parlo:
Ma poco tempo andrà, che i tuoi vicini
Faranno sì che tu potrai chiosarlo:

Quest' opera gli tolse quei confini.

Je n'ajoute plus rien : obscur est mon langage,
Mais tu le comprendras avant peu davantage
Et tes concitoyens le rendront clair un jour (5).

— C'est ainsi qu'il s'ouvrit le seuil de ce séjour. »

NOTES DU CHANT XI.

(1) Humbert Aldobrandeschi, comte de Santa-Fior. Détesté pour son arrogance, il fut massacré par les Siennois à Campagnatico.

(2) Guido Cavalcante, philosophe et poëte florentin, effaça la renommée poétique de Guido Guinicelli de Bologne, poëte estimé de son temps.

(3) Il me semble que Dante pèche par orgueil dans le cercle même des orgueilleux, car ce troisième dont il parle ne peut être que lui-même.

(4) Provenzan Salvani, illustre capitaine, s'était emparé du gouvernement de Sienne. Il mendia publiquement sur la grande place de Sienne pour recueillir la rançon d'un ami prisonnier de guerre. Ce trait d'humilité et de dévouement n'empêche pas Dante de le mettre, nous ne savons pourquoi, parmi les orgueilleux. Provenzan fait du moins exception à la loi commune et n'attend pas avec les pénitents de la dernière heure dans les corridors du Purgatoire.

(5) Toi aussi, comme Provenzan, un jour exilé par tes concitoyens, tu demanderas l'aumône en frémissant.

ARGUMENT DU CHANT XII.

Les deux poëtes quittent Oderisi en gravissant la corniche. Sur le sol sont des bas-reliefs représentant différentes images d'orgueilleux. Un bel ange vient montrer aux voyageurs la route qui mène au second cercle. Le sentier s'adoucit. Des chants pieux se font entendre. Dante porte la main à son front. L'empreinte du péché d'orgueil est effacée.

CANTO DUODECIMO.

Di pari, come buoi, che vanno a giogo,
M' andava io con quella anima carca,
Fin che 'l sofferse il dolce pedagogo.

Ma quando disse: Lascia lui, e varca,
Che qui è buon, con la vela e co' remi,
Quantunque può ciascun, pinger sua barca:

Dritto, sì com' andar vuolsi, rifemi
Con la persona, avvegna che i pensieri
Mi rimanessero e chinati e scemi.

Io m' era mosso, e seguia volentieri
Del mio Maestro i passi, ed amendue
Già mostravam, com' eravam leggieri.

CHANT DOUZIÈME.

Comme un couple de bœufs attelés côte à côte,
L'ombre chargée et moi montions de front la côte,
Autant que le permit le doux instituteur.

Mais bientôt il me dit : « Abandonne ces âmes !
Il faut user ici de la voile et des rames
Et pousser vaillamment sa nef sur la hauteur. »

A ces mots, pour hâter ma course, je redresse
Mon corps en deux ployé, bien qu'encor la tristesse
Tint mon âme inclinée avec humilité.

Je m'étais mis en marche, et de fort bonne grâce
Je me hâtais, suivant mon bon Maître à la trace,
Et nous faisions tous deux assaut d'agilité,

Quando mi disse: Volgi gli occhi in giue:
Buon ti sarà, per alleggiar la via,
Veder lo letto delle piante tue.

Come, perchè di lor memoria sia,
Sovr' a' sepolti le tombe terragne
Portan segnato quel, ch' egli era pria.

Onde li molte volte se ne piagne,
Per la puntura della rimembranza,
Che solo a' pii dà delle calcagne:

Si vid' io lì, ma di miglior sembianza,
Secondo l' arteficio, figurato,
Quanto per via di fuor dal monte avanza.

Vedea colui, che fu nobil creato
Più d' altra creatura, giù dal Cielo
Folgoreggiando scender da un lato;

Vedeva Briareo fitto dal telo
Celestial giacer dall' altra parte,
Grave alla terra per lo mortal gielo.

Vedeva Timbrèo, vedea Pallade, e Marte
Armati ancora, intorno al padre loro,
Mirar le membra de'.giganti sparte.

Quand soudain il me dit : « Fixe tes yeux à terre,
Pour t'alléger la route il sera salutaire
De regarder le lit où tu poses tes pieds. »

Comme on grave au pavé des voûtes sépulcrales
Les figures des morts qui dorment sous les dalles,
Afin qu'ils ne soient point dans la tombe oubliés,

Si bien que tout poignés par leurs ressouvenances
Les cœurs pieux, les seuls qui sentent ces souffrances,
Maintes fois de rechef pleurent en les voyant :

J'aperçus ainsi là, tout le long de la voie
Qui sur le flanc du mont en tournant se déploie,
Des portraits figurés avec un art savant.

Je voyais d'un côté, se cachant dans la poudre
Et des parvis du ciel tombé comme la foudre,
L'être le plus parfait des mains de Dieu sorti ;

D'autre part je voyais le géant Briarée
Du trait céleste encor la poitrine enferrée,
Par le froid de la mort gisant appesanti ;

Thymbrée avec Pallas, et le dieu de la guerre,
Tous trois encore armés, aux côtés de leur père
Contemplaient des géants les membres dispersés.

Vedea Nembrotte appiè del gran lavoro,
Quasi smarrito, e riguardar le genti,
Che 'n Sennaar, con lui, superbi foro.

O Niobe, con che occhi dolenti
Vedev' io te, segnata in su la strada,
Tra sette e sette tuoi figliuoli spenti!

O Saul, come 'n su la propria spada,
Quivi parevi morto in Gelboè,
Che poi non sentì pioggia, nè rugiada!

O folle Aragne, sì vedea io te,
Già mezza ragna, trista, in su gli stracci
Dell' opera, che mal per te si fe'.

O Roboan, già non par che minacci
Quivi il tuo segno: ma pien di spavento,
Nel porta un carro prima ch' altri 'l cacci.

Mostrava ancor lo duro pavimento,
Come Almeone a sua madre fe' caro
Parer lo sventurato adornamento.

Mostrava come i figli si gittaro
Sovra Sennacherib dentro dal tempio,
E come, morto lui, quivi 'l lasciaro.

Nemrod était au pied de la Babel immense
Comme égaré, jetant des regards de démence
Sur ceux qui dans Sennar le suivaient insensés.

O Niobé! quels regards pleins de douleur amère,
Sculptée en ce chemin, tu jetais, pauvre mère!
Sur tes quatorze enfants qu'on vient de t'immoler (1)!

Saül! c'était bien toi, te transperçant toi-même
Au mont de Gelboë qu'a frappé l'anathème,
Où l'onde et la rosée ont cessé de couler (2)!

O toi, folle Arachné! comme à demi changée
Je te voyais aussi, contemplant affligée
Les lambeaux de l'ouvrage ourdi pour ton malheur (3)!

Ton image est ici, mais non plus menaçante,
Roboam! sur un char tu fuis plein d'épouvante,
Avant que des tribus t'ait chassé la fureur.

Un peu plus loin encor, sculpté dessus la pierre,
On voyait Alcméon armé contre sa mère,
Pour lui faire expier le fatal ornement (4).

Et plus loin, étalant un parricide exemple,
Le roi Sennachérib, assailli dans le temple
Et par ses propres fils égorgé lâchement.

Mostrava la ruina, e il crudo scempio
Che fe' Tamiri, quando disse a Ciro,
Sangue sitisti, ed io di sangue t' empio.

Mostrava, come in rotta si fuggiro
Gli Assiri, poi che fu morto Oloferne,
Ed anche le reliquie del martiro.

Vedeva Troia in cenere e in caverne:
O Ilion, come te basso e vile
Mostrava 'l segno, che lì si discerne!

Qual di pennel fu maestro, e di stile,
Che ritraesse l' ombre, e i tratti, ch' ivi
Mirar farieno uno 'ngegno sottile?

Morti li morti, e i vivi parean vivi:
Non vide me' di me, chi vide 'l vero,
Quant' io calcai, fin che chinato givi.

Or superbite, e via, col viso altiero,
Figliuoli d' Eva, e non chinate 'l volto,
Sì che veggiate il vostro mal sentiero.

Più era già per noi del monte vôlto,
E del cammin del Sole assai più speso,
Che non stimava l' animo non sciolto;

Là, la mort de Cyrus et la vengeance affreuse
De Tamyris disant à la tête orgueilleuse :
« Ta rage eut soif de sang, de sang abreuve-toi (5) ! »

Là, les Assyriens s'enfuyant en déroute
A la mort d'Holopherne, et le long de la route
Le carnage qui suit en ce grand désarroi.

Je voyais Troie, amas de cendre et de poussière :
O superbe Ilion ! sur ce tableau de pierre
Dans quelle abjection tu semblais descendu !

Quel maître du pinceau, quel sculpteur plein de gloire
Reproduirait ces traits et ces pages d'histoire
Dont le plus grand génie eût été confondu.

Les morts paraissaient morts et les vivants en vie,
Et qui de vrai pût voir chaque scène accomplie
Ne la vit mieux que moi sur l'image penché.

Ores que votre front avec orgueil se lève
Poursuivez, sans courber le regard, ô fils d'Ève !
Sur le sentier du mal où vos pieds ont marché !

Nous suivions sur le mont la route commencée,
Et du soleil la course était plus avancée
Que mon cœur absorbé ne se le figurait,

Quando colui, che sempre innanzi atteso
Andava, cominciò: Drizza la testa:
Non è più tempo da gir sì sospeso.

Vedi colà un angel, che s'appresta
Per venir verso noi: vedi, che torna
Dal servigio del dì l'ancella sesta.

Di riverenza gli atti e 'l viso adorna,
Sì ch' ei diletti lo 'nviarci 'n suso:
Pensa che questo dì mai non raggiorna.

Io era ben del suo ammonir uso;
Pur di non perder tempo, sì che 'n quella
Materia non potea parlarmi chiuso.

A noi venia la creatura bella,
Bianco vestita, e nella faccia, quale
Par tremolando mattutina stella.

Le braccia aperse, ed indi aperse l'ale:
Disse: Venite: qui son presso i gradi,
Ed agevolemente omai si sale.

A questo annunzio vegnon molto radi:
O gente umana, per volar su nata,
Perchè a poco vento così cadi?

Quand celui qui marchait devant moi, le poëte,
L'attentif conducteur me dit : « Lève la tête,
Il n'est plus temps d'aller d'un pas lent et distrait.

Vois cet ange là-bas qui vers nous s'achemine,
Vois du jour qui déjà penche sur la colline
La sixième servante (6) à l'horizon s'enfuir.

Empreins d'un saint respect ton maintien, ton visage,
Pour que l'ange nous soit propice en ce voyage ;
Songe que ce jour-ci ne peut plus revenir. »

Cet avertissement d'user du temps rapide
M'était trop familier dans la bouche du guide
Pour qu'en un tel sujet me fût son dire obscur.

Déjà venait à nous la belle créature,
Le corps vêtu de blanc, semblable de figure
A l'astre du matin tremblant dans un ciel pur.

L'ange étendit ses bras et puis ouvrit ses ailes
Et dit : « Tout près d'ici sont les degrés. Fidèles,
Approchez ; la montée est facile à présent. »

Cette voix, par bien peu de vous est entendue,
Fils des hommes créés pour voler vers la nue !
Ah ! pourquoi choir ainsi pour un souffle de vent ?

Menocci ove la roccia era tagliata:
Quivi mi batteo l' ale per la fronte,
Poi mi promise sicura l' andata.

Come a man destra, per salire al monte,
Dove siede la chiesa, che soggioga
La ben guidata sopra Rubaconte,

Si rompe del montar l' ardita foga,
Per le scalee, che si fero ad etade,
Ch' era sicuro 'l quaderno e la doga:

Così s' allenta la ripa, che cade
Quivi ben ratta dall' altro girone:
Ma quinci, e quindi l' alta pietra rade.

Noi volgend' ivi le nostre persone,
Beati pauperes spiritu, voci
Cantaron sì, che nol diria sermone.

Ahi quanto son diverse quelle foci
Dall' Infernali! che quivi per canti
S' entra, e laggiù per lamenti feroci.

Già montavam su per li scaglion santi,
Ed esser mi parea troppo più lieve,
Che per lo pian non mi parea davanti;

Il nous mène où la roche est taillée en échelle.
Venus là, sur le front il me donne un coup d'aile (7)
Et me dit d'avancer avec sécurité.

Comme à main droite, alors qu'on gravit la colline,
On aperçoit de loin l'église qui domine
La bonne ville auprès du pont Rubaconté (8) :

La pente sous le pied plus doucement s'incline,
Grâce à des escaliers construits dans la ravine
Avant le temps du vol des deniers et des poids (9) :

Ainsi s'adoucissait cette montée ardue
Qui conduisait d'un cercle à l'autre, moins aiguë,
Mais étroite et du roc rasant les deux parois.

Pendant qu'en ce sentier nous tournions, ô merveille !
Nous ouïmes des voix de douceur sans pareille
Chantant : *Pauvres d'esprit, vous êtes bienheureux !*

Oh ! quelle différence ici d'avec les bouches
Qui mènent à l'Enfer ! les hurlements farouches
Etaient là sur le seuil, ici des chants pieux.

Déjà par les degrés de la sainte montagne
Nous montions, et bien plus qu'en-bas, dans la campagne,
Il me semblait marcher d'un pied sûr et léger.

Ond' io : Maestro, di', qual cosa greve
Levata s' è da me, che nulla quasi
Per me fatica andando si riceve?

Rispose: Quando i P, che son rimasi
Ancor nel volto tuo, presso che stinti
Saranno, come l' un, del tutto rasi,

Fien li tuo' piè dal buon voler sì vinti,
Che non pur non fatica sentiranno,
Ma fia diletto loro esser su pinti.

Allor fec' io come color, che vanno
Con cosa in capo, non da lor saputa,
Se non che i cenni altrui sospicciar fanno:

Per che la mano ad accertar s' aiuta,
E cerca, e truova, e quell' uficio adempie
Che non si può fornir per la veduta :

E con le dita della destra scempie
Trovai pur sei le lettere, che 'ncise
Quel dalle chiavi a me sovra le tempie :

A che guardando il mio Duca sorrise.

«Maître, dis-je, d'où vient que dans le sentier rude
J'avance maintenant sans nulle lassitude?
De quel fardeau pesant suis-je donc allégé?»

— «Quand les sept P, dit-il, imprimés sur ta face
Et dont il reste encor une légère trace,
Seront tous effacés comme un d'eux l'est déjà,

Tes pieds obéissant au désir qui t'entraîne
N'iront pas seulement sans fatigue et sans peine,
Mais la fatigue en joie alors se changera.»

Lors je fis comme ceux qui s'en vont dans la rue,
Portant dessus leur chef quelque chose inconnue
Que les signes d'autrui leur font appréhender.

La main leur vient en aide; ils s'assurent par elle,
Elle cherche, elle trouve, et prête fraternelle
L'office qu'à leurs yeux ils n'ont pu demander.

En me servant des doigts de ma droite étendue
Je pus m'apercevoir qu'une était disparue
Des sept lettres que l'ange à mon front inscrivit :

Voyant ce mouvement, le bon guide sourit.

NOTES DU CHANT XII.

(1) Apollon et Diane les avaient tués à coups de flèches pour venger Latone des mépris de Niobé.

(2) Saül, dans son orgueil, ne voulut pas survivre à sa défaite et se donna la mort sur le mont Gelboë après la victoire des Philistins. La montagne sentit depuis les effets de la malédiction de David, que le poëte rappelle : *Montes Gelboë, neque ros, neque pluvia veniant super vos* (*Reg.*, lib. II).

(3) Elle avait défié Pallas dans l'art de tisser. Pallas mit son ouvrage en lambeaux et changea son orgueilleuse rivale en araignée.

(4) Alcméon, fils d'Amphiaraüs et d'Ériphyle, tua sa mère pour venger son père que la vaniteuse épouse avait livré contre un collier de perles.

(5) Tomyris, reine des Massagètes, dont le fils avait été tué dans la guerre contre Cyrus, se fit, dit Hérodote, apporter le corps du monarque qui avait péri dans une embuscade avec toute son armée et lui plongea la tête dans une outre pleine de sang, disant : *Satia te sanguine quem sitisti*.

(6) La sixième heure, c'est-à-dire midi, suivant la manière de compter du lever au coucher du soleil.

(7) Pour effacer un des sept P tracés sur le front du poëte à l'entrée du Purgatoire.

(8) C'est Florence qu'il appelle ironiquement la bonne ville.

(9) Allusion à des dilapidations qui furent commises de son temps.

ARGUMENT DU CHANT XIII.

Arrivée au second cercle, nouvelle plate-forme circulaire, où les âmes se purgent du péché d'envie. Tout en marchant, les deux voyageurs entendent des esprits célestes qui volent invisibles, jetant aux envieux des paroles et des leçons d'amour. Appuyés contre le roc, couvert d'un vil cilice, les paupières closes et cousues avec un fil de fer, les envieux récitent les litanies des saints. Dante s'entretient avec Sapia, dame noble de Sienne.

CANTO DECIMOTERZO.

Noi eravamo al sommo della scala,
Ove secondamente si risega
Lo monte, che salendo altrui dismala.

Ivi così una cornice lega
Dintorno 'l poggio, come la primaia,
Se non che l' arco suo più tosto piega.

Ombra non gli è, nè segno, che si paia:
Par sì la ripa, e par sì la via schietta,
Col livido color della petraia.

Se qui, per dimandar, gente s' aspetta,
Ragionava 'l Poeta, i' temo forse,
Che troppo avrà d' indugio nostra eletta:

CHANT TREIZIÈME.

Nous étions au sommet de l'escalier de pierre.
Pour la seconde fois en cercle s'y resserre
Le mont que l'on gravit en se purifiant.

Une corniche encor pareille à la première
Tout à l'entour du pic s'avance régulière,
Mais sa circonférence est moins large qu'avant.

Images et reliefs n'y charment plus la vue,
Les bords sont tous unis, la route est toute nue,
Et le rocher livide attriste le regard.

« Si pour lui demander conseil, disait le maître,
Nous attendons qu'une âme ici vienne à paraître,
Je crains que notre choix ne se fasse un peu tard. »

Poi fisamente al Sole gli occhi porse:
Fece del destro lato al muover centro,
E la sinistra parte di sè torse.

O dolce lume, à cui fidanza io entro
Per lo nuovo cammin, tu ne conduci,
Dicea, come condur si vuol quinc' entro:

Tu scaldi 'l mondo: tu sovr' esso luci:
S' altra cagione in contrario non pronta,
Esser den sempre li tuo' raggi duci,

Quanto di qua per un migliaio si conta,
Tanto di là eravam noi già iti
Con poco tempo, per la voglia pronta:

E verso noi volar furon sentiti,
Non però visti, spiriti, parlando
Alla mensa d' amor cortesi inviti.

La prima voce, che passò volando,
Vinum non habent, altamente disse,
E dietro a noi l' andò reiterando.

E prima, che del tutto non s' udisse,
Per allungarsi, un' altra, I' sono Oreste,
Passò gridando, ed anche non s' affisse.

Ensuite son regard sur le soleil se fixe,
Et son pied droit servant à son corps d'axe fixe,
Il se meut du flanc gauche et se tourne à demi :

« Douce lumière en qui, dit-il, je me confie,
Entrant dans ce chemin, que ta lueur amie
Nous guide comme il faut qu'on soit conduit ici !

Tu réchauffes le monde et ta splendeur l'éclaire,
Et si rien ne nous vient pousser en sens contraire,
Nous ne marchons qu'au feu de tes rayons constants. »

Nous avions parcouru déjà d'un pas agile
L'espace qui se compte ici-bas pour un mille,
Par notre bon désir portés en peu d'instants,

Quand devers nous je crus soudain ouïr les ailes
D'invisibles esprits conviant les fidèles
A la table d'amour d'un ton tendre et courtois.

La voix qui la première a volé dans l'espace
Dit : *Vinum non habent* (1), tout haut, puis elle passe ;
Mais loin de nous encor retentissait la voix.

Et devant que dans l'air elle se fut perdue,
Une seconde voix passa dans l'étendue,
Criant : « Je suis Oreste (2) ! » et s'enfuit à son tour.

O, diss' io, Padre, che voci son queste?
E com' io dimandai: ecco la terza,
Dicendo: Amate, da cui male aveste.

Lo buon Maestro: Questo cinghio sferza
La còlpa della 'nvidia, e però sono
Tratte da amor le corde della ferza.

Lo fren vuol' essere del contrario suono:
Credo, che l' udirai, per mio avviso,
Prima, che giunghi al passo del perdono.

Ma ficca gli occhi per l' aer ben fiso,
E vedrai gente innanzi a noi sedersi,
E ciascun è lungo la grotta assiso.

Allora più che prima gli occhi apersi;
Guardámi innanzi, e vidi ombre con manti
Al color della pietra non diversi.

E poi che fummo un poco più avanti,
Udi' gridar: Maria, òra per noi;
Gridar, Michele, e Pietro, e tutti i Santi.

Non credo, che per terra vada ancoi
Uomo sì duro, che non fosse punto
Per compassion di quel, ch' io vidi poi:

« O père, qu'est-ce donc, ces voix que l'écho sème ? »
A peine je parlais que voici la troisième,
Disant : « Vos ennemis, chérissez-les d'amour (3) ! »

Le bon maître me dit : « En ce cercle on flagelle
Le péché de l'envie égoïste et cruelle,
Et c'est pourquoi l'amour tient le fouet dans sa main ;

Mais le frein des pêcheurs rend un son tout contraire (5) ;
Tu l'entendras sans doute, avant même, j'espère,
Que ton pied du pardon ait passé le chemin.

Mais fixe bien tes yeux à travers cet air sombre,
Tu verras devant nous des esprits en grand nombre
Assis et s'adossant chacun le long des murs. »

Alors et mieux qu'avant j'ouvris mon œil avide
Et je vis les esprits contre le roc livide,
Revêtus de manteaux comme la pierre obscurs.

Quand nous fûmes un peu plus loin j'entends qu'on crie :
« Intercède pour nous, sainte Vierge Marie,
Et toi Michel et Pierre et tous les saints aussi ! »

Je ne crois pas qu'il soit un homme dans le monde
Si dur qu'il ne fût pris d'une pitié profonde
Au spectacle qu'alors j'eus sous les yeux ici.

Chè, quando fui sì presso di lor giunto
Che gli atti loro a me venivan certi
Per gli occhi, fui di grave dolor munto.

Di vil ciliccio mi parean coperti,
E l' un sofferia l' altro con la spalla,
E tutti dalla ripa eran sofferti.

Così li ciechi, a cui la roba falla,
Stanno a' perdoni a chieder lor bisogna,
E l' uno 'l capo sovra l' altro avvalla,

Perchè in altrui pietà tosto si pogna,
Non pur per lo sonar delle parole,
Ma per la vista, che non meno agogna:

E come agli orbi non approda 'l Sole,
Così all' ombre, dov' io parlava ora,
Luce del Ciel di sè largir non vuole:

Ch' a tutte un fil di ferro il ciglio fora,
E cuce, sì com' a sparvier selvaggio
Si fa, però che queto non dimora.

A me pareva andando fare oltraggio,
Vedendo altrui, non essendo veduto:
Perch' io mi volsi al mio consiglio saggio.

Me rapprochant assez pour qu'avec certitude
Je pusse de chacun distinguer l'attitude,
Je fus pris par les yeux de profonde rancœur.

Ils me paraissaient tous couverts d'un vil cilice,
L'un sur l'autre appuyés pour porter leur supplice
Et contre le rocher appuyés tous en chœur.

Tels les jours de Pardon les aveugles se tiennent,
Mendiant le denier qu'avec peine ils obtiennent,
L'un sur l'autre appuyés aux regards des passants,

Pour mieux faire vibrer du cœur les cordes vives,
En ajoutant au son des paroles plaintives
L'émotion des yeux sur l'homme aussi puissants :

Et comme le soleil fuit leur orbite éteinte,
Ainsi pour les esprits de la deuxième enceinte
La lumière du Ciel a cessé de briller.

Un fil de fer à tous perce et coud la paupière :
C'est ainsi que parfois on ravit la lumière,
Quand on veut le dompter, au sauvage épervier.

Il me semblait leur faire en marchant une injure,
Moi, voyant leur visage et cachant ma figure :
Par quoi je me tournai vers mon conseiller chef.

Ben sapev' ei, che volea dir lo muto:
E però non attese mia dimanda:
Ma disse: Parla, e sii breve e arguto.

Virgilio mi venia da quella banda
Della cornice, onde cader si puote,
Perchè da nulla sponda s'inghirlanda:

Dall'altra parte m'eran le devote
Ombre, che per l'orribile costura
Premevan sì, che bagnavan le gote.

Volsimi a loro, ed, o gente sicura,
Incominciai, di veder l'alto Lume,
Che 'l disio vostro solo ha in sua cura:

Se tosto grazia risolva le schiume
Di vostra coscienzia, sì che chiaro
Per essa scenda della mente il fiume,

Ditemi (che mi fia grazioso e caro)
S'anima è qui tra voi, che sia Latina:
E forse a lei sarà buon, s'io l'apparo.

O frate mio, ciascuna è cittadina
D'una vera città: ma tu vuoi dire,
Che vivesse in Italia peregrina.

Bien savait-il ce que muet je voulais dire,
Et devant que j'eusse eu le temps de l'en instruire,
Il me dit : « Parle-leur, mais sois adroit et bref ! »

Au bord de la corniche allait le maître guide,
Au risque de tomber, car le tournant rapide
N'était enguirlandé par aucun parapet.

Et d'autre part j'avais les pauvres créatures ;
Elles souffraient si fort des horribles coutures
Qu'un long ruisseau de pleurs de leurs yeux s'échappait.

Vers elles je me tourne et dis : « Ames certaines
De parvenir un jour à ces splendeurs lointaines,
A ces clartés du ciel, votre unique désir,

Que la Grâce bientôt de votre conscience
Efface toute écume, et que l'Intelligence
Y verse son flot clair et limpide à plaisir !

Dites : (Cette faveur que de vous je l'obtienne !)
N'est-il point parmi vous quelque âme italienne ?
Peut-être je pourrai lui faire quelque bien. »

— « D'une même cité chaque âme est citoyenne,
Mon frère, mais tu quiers, sans doute, âme chrétienne,
Pèlerine en la vie au bord italien ? »

Questo mi parve per risposta udire
Più innanzi alquanto, che là dov' io stava:
Ond' io mi feci ancor più là sentire.

Tra l' altre vidi un' ombra, ch' aspettava
In vista; e se volesse alcun dir: come?
Lo mento a guisa d' orbo in su levava.

Spirto, diss' io, che per salir ti dome,
Se tu se' quelli, che mi rispondesti,
Fammiti conto o per luogo, o per nome.

I' fui Senese, rispose, e con questi
Altri rimondo qui la vita ria,
Lagrimando a Colui, che sè ne presti.

Savia non fui, avvegna che Sapìa
Fossi chiamata, e fui degli altrui danni
Più lieta assai, che di ventura mia.

E perchè tu non credi, ch' io t' inganni,
Odi se fui, com' io ti dico, folle:
Già discendendo l' arco de' mie' anni,

Erano i cittadin miei presso a Colle
In campo giunti co' loro avversari:
Ed io pregava Dio di quel, ch' e' volle.

Ces mots, il me parut qu'à certaine distance
Ils étaient prononcés. Aussitôt je m'avance,
Pour mieux me faire entendre, au point d'où part le son.

J'aperçus un esprit dans la gent pénitente,
Qui paraissait attendre, exprimant son attente,
Comme fait un aveugle en levant le menton.

« Esprit, qui pour monter souffres et te corriges,
Si c'est toi dont la voix m'a répondu, lui dis-je,
Fais-moi savoir quel est ton pays ou ton nom. »

— « A Sienne je naquis, dit l'ombre, ici j'expie
Avec ces compagnons les fautes de ma vie,
En pleurant vers Celui qui nous fera pardon.

J'eus pour nom Sapia (6), mais n'eus pas de sagesse,
Et le dam du prochain me causa plus d'ivresse
Que le bonheur qu'aurait pu m'accorder le sort.

Et pour ne mettre pas en doute ma parole,
Ecoute si je fus, comme je le dis, folle.
Déjà je descendais l'arc des ans vers la mort,

Quand mes concitoyens sortis de leur muraille
Aux environs de Colle allaient livrer bataille :
Je demandais à Dieu ce qu'en effet il fit.

Rotti fur quivi, e volti negli amari
Passi di fuga, e veggendo la caccia,
Letizia presi ad ogni altra dispari:

Tanto, ch' io 'n su l'ardita faccia,
Gridando a Dio: Omai più non ti temo,
Come fe' 'l merlo per poca bonaccia.

Pace volli con Dio in su lo stremo
Della mia vita: e ancor non sarebbe
Lo mio dover per penitenza scemo,

Se ciò non fosse ch' a memoria m' ebbe
Pier Pettinagno in sue sante orazioni,
A cui di me per caritate increbbe.

Ma tu chi se' che nostre condizioni
Vai dimandando, e porti gli occhi sciolti,
Sì com io credo, e spirando ragioni?

Gli occhi, diss' io, mi fieno ancor qui tolti,
Ma picciol tempo: chè poch' è l' offesa
Fatta, per esser con invidia vòlti.

Troppa è più la paura, ond' è sospesa
L' anima mia, del tormento di sotto:
Che già lo 'ncarco di laggiù mi pesa.

Leurs rangs furent brisés, ils prirent de la fuite
L'amer sentier, et moi, témoin de la poursuite,
Une joie à nulle autre égale me saisit,

Telle, qu'au ciel levant ma tête enorgueillie,
Vers Dieu j'osai crier : « Ores je te défie ! »
Comme un merle sifflant pour un jour de beau temps (7).

Au terme de ma vie, avec l'Être suprême,
Je voulus être en paix, mais je n'aurais pas même
Atteint ces lieux au prix de mes pleurs pénitents,

N'était qu'ému pour moi de charitable flamme,
Pierre Pettignano (8) n'eût prié pour mon âme,
Dans ses dévotions de moi se souvenant.

Mais qui donc es-tu, toi qui viens et nous demande
Notre sort, la paupière ouverte toute grande,
Et qui, je le crois bien, parles en respirant ? »

— « Mes yeux seront aussi cousus après la vie,
Mais non pas pour longtemps, lui dis-je, car l'envie
M'a fait bien rarement tourner des yeux chagrins.

Bien plus grande est ma peur au tourment qui s'apprête
Là-dessous (9), et si fort mon cœur s'en inquiète,
Que le poids qu'on y porte est déjà sur mes reins.

Ed ella a me: Chi t' ha dunque condotto
Quassù tra noi, se giù ritornar credi?
Ed io: Costui, ch' è meco, e non fa motto:

E vivo sono: e però mi richiedi,
Spirito eletto, se tu vuoi ch' io muova
Di là per te ancor li mortai piedi.

O·quest' è a udir sì cosa nuova,
Rispose, che gran segno è, che Dio t' ami:
Però col prego tuo talor mi giova:

E cheggioti per quel, che tu più brami,
Se mai calchi la terra di Toscana,
Ch' a' miei propinqui tu ben mi rinfami.

Tu gli vedrai tra quella gente vana,
Che spera in Talamone, e perderagli
Più di speranza, ch' a trovar la Diana:

Ma più vi metteranno gli ammiragli.

Et l'ombre à moi : « Qui donc sur ce mont où nous sommes
T'a conduit, si tu crois retourner chez les hommes ? »
Et moi : « Ce compagnon qui se tait près de moi.

Je suis encor vivant; ainsi, requiers-moi vite,
Si tu veux, ombre élue, au pays où j'habite
Que je fasse mouvoir mes pieds mortels pour toi. »

— « Oh ! dit l'ombre, la chose est étrange et si neuve
Que de l'amour de Dieu c'est une grande preuve :
Lors donc assiste-moi par dévote oraison,

Et par ce que ton cœur a de cher, je t'en prie,
Si tu touches jamais le sol de la patrie,
Rappelle avec honneur mon nom dans ma maison.

Tu la verras parmi cette nation vaine
Qui croit en Talamone et perdra là sa peine
Comme de la Diana quand on cherchait les eaux (10);

Mais les plus attrapés seront les amiraux (11).

NOTES DU CHANT XIII.

(1) Paroles de la Vierge au Christ aux noces de Cana, le priant de changer l'eau en vin pour éviter aux époux quelque confusion.

(2) C'est le mot de Pylade voulant se sacrifier pour Oreste. Il n'aurait aucun sens, si c'était Oreste lui-même qui parlait, comme l'imaginent avec peu de réflexion le père Venturi et la foule des commentateurs.

(3) *Diligite inimicos vestros*, une parole de l'Évangile.

(5) Les voix tendres qu'on vient d'ouïr sont un *fouet* pour encourager les envieux à l'amour. « Bientôt tu connaîtras, dit Virgile, *le frein*, c'est à-dire les voix menaçantes destinées à réprimer le péché d'envie.

(6) *Sapia, savia*, jeu de mots assez puéril.

(7) D'après une légende populaire en Lombardie, un merle, abusé par quelques belles journées de janvier et croyant l'hiver fini, s'enfuit de chez son maître en chantant : *Non ti curo, domine*. C'est ainsi que Sapia, satisfaite dans sa haine envieuse, se moque du ciel dont elle croyait n'avoir plus rien à désirer ni à craindre.

(8) Franciscain du pays de Sienne.

(9) Au cercle de l'orgueil. Le grand poëte devait en effet être plus susceptible d'orgueil que d'envie.

(10) Les Siennois avaient acquis le château et le petit port de Talamone sur la Méditerranée. Ce peuple, dont la vanité a déjà été châtiée au chant XXIX de l'Enfer, se voyait déjà rival des Génois. L'air pernicieux de cette petite anse contiguë à la Maremme le força de l'abandonner. La Diana fut un autre sujet de déception. C'est une rivière fabuleuse qu'ils supposaient couler sous les murs de leur ville.

(11) C'est-à-dire ceux qui, escomptant une chimère, se voient déjà amiraux de la flotte qui mouillera dans le port de Talamone.

ARGUMENT DU CHANT XIV.

Dante, toujours au cercle des envieux, s'arrête avec Virgile à écouter Guido del Duca et Rinieri de' Calboli qui s'entretiennent ensemble. Guido del Duca déplore la corruption qui règne dans la Toscane et dans la Romagne. Les deux poëtes, continuant leur route, entendent des voix lamentables d'esprits qui traversent l'air et qui rappellent aux pécheurs les tristes effets de l'envie.

CANTO DECIMOQUARTO.

Chi è costui, che 'l nostro monte cerchia
Prima che morte gli abbia dato il volo,
E apre gli occhi a sua voglia, e coperchia?

Non so, chi sia; ma so, ch' ei non è solo:
Dimandal tu, che più gli t' avvicini,
E dolcemente, sì che parli, accôlo:

Così duo spirti, l' uno all' altro chini,
Ragionavan di me ivi a man dritta:
Poi fer li visi, per dirmi, supini:

E disse l' uno: O anima, che fitta
Nel corpo ancora, inver lo Ciel ten vai,
Per carità ne consola, e ne ditta,

CHANT QUATORZIÈME.

« Autour de notre mont cette âme, quelle est-elle ?
Qui vient sans que la mort ait délié son aile,
Pouvant ouvrir les yeux ou les clore à plaisir ?

Je ne sais ; mais quelqu'un la suit sur cette roche.
Interroge-la toi, son voisin le plus proche,
Et fais-lui doux accueil qui force à repartir. »

Ainsi parlaient de moi deux esprits, à main droite,
L'un sur l'autre penchés sur cette escarpe étroite ;
Puis, renversant le front afin de me parler ;

L'un me dit : « Toi qui viens au Ciel, âme mortelle,
En demeurant fixée à ta chair corporelle,
Ici par charité daigne nous consoler !

Onde vieni, e chi se': che tu ne fai
Tanto maravigliar della tua grazia,
Quanto vuol cosa, che non fu più mai.

Ed io: Per mezza Toscana si spazia
Un fiumicel, che nasce in Falterona,
E cento miglia di corso nol sazia:

Di sovr' esso rech' io questa persona.
Dirvi chi sia, saria parlare indarno:
Chè 'l nome mio ancor molto non suona.

Se ben lo 'ntendimento tuo accarno
Con lo 'ntelletto, allora mi rispose
Quei, che prima dicea, tu parli d'Arno.

E l'altro disse a lui: Perchè nascose
Questi 'l vocabol di quella riviera,
Pur com' uom fa dell' oribili cose?

E l'ombra, che di ciò dimandata era,
Si sdebitò così: Non so; ma degno
Ben' è che 'l nome di tal valle pera:

Chè dal principio suo, dov' è sì pregno
L'alpestro monte, ond' è tronco Peloro,
Che 'n pochi luoghi passa oltra quel segno,

Apprends-nous d'où tu viens et ton nom, car la grâce
Que tu reçois du ciel nous confond, nous surpasse,
Comme un fait merveilleux et sans exemple encor. »

— «Par le pays Toscan, lui dis-je, prend sa course
Un fleuve tout petit : Falterone (1) est sa source
Et cent milles durant il poursuit son essor.

J'apporte de ses bords ce corps qu'ici je traîne.
Vous dire qui je suis serait parole vaine,
Mon nom jusqu'à présent ayant peu retenti. »

— « Si mon intelligence a su bien te comprendre,
Dit l'esprit qui d'abord à nous s'est fait entendre,
C'est du fleuve d'Arno que tu parles ici. »

L'autre lui dit : «Pourquoi déguise-t-il, cet homme,
Le véritable nom dont son fleuve se nomme,
Comme si c'était chose horrible à faire ouïr ?»

A cette question l'autre en ces mots réplique :
«Je ne sais ; mais il est juste et patriotique
Que le nom d'un tel val on le laisse périr.

Car, dès son origine, à la sauvage crête
Où touchait autrefois le Pélore, à ce faîte,
Un des plus élevés de ces monts sans rivaux,

Infin là 've si rende per ristoro
Di quel, che 'l Ciel della marina asciuga,
Ond' hanno i fiumi ciò, che va con loro,

Virtù così per nimica si fuga
Da tutti, come biscia, o per sventura
Del luogo, o per mal' uso, che gli fruga:

Ond' hanno sì mutata lor natura
Gli abitator della misera valle,
Che par che Circe gli avesse in pastura.

Tra brutti porci più degni di galle,
Che d' altro cibo fatto in umano uso,
Dirizza prima il suo povero calle.

Botoli truova poi venendo giuso
Ringhiosi più, che non chiede lor possa,
E a lor disdegnosa torce 'l muso:

Vassi caggendo, e quanto ella più 'ngrossa,
Tanto più truova di can farsi lupi,
La maladetta e sventurata fossa.

Discesa poi per più pelaghi cupi,
Truova le volpi sì piene di froda,
Che non temono ingegno, che l' occupi.

CHANT XIV.

Jusqu'aux bouches du fleuve où son tribut répare
Les ondes qu'en la mer pompe le ciel avare
Et qu'il change en vapeurs pour des fleuves nouveaux,

Là partout la vertu, traitée en ennemie,
Se voit comme un serpent traquée et poursuivie,
Soit un effet des mœurs, soit des lieux un fléau.

Et tous les habitants de la vallée impure
Ont si parfaitement perverti leur nature,
Qu'il semble que Circé les eût dans son troupeau.

Parmi de vils pourceaux, dignes du gland sauvage
Plutôt que d'aliments faits pour l'humain usage,
Arno s'ouvre d'abord un lit mince et fangeux,

Puis, descendant plus bas, trouve une valetaille
De roquets plus hargneux qu'il ne sied à leur taille.
Loin d'eux avec dédain Arno tourne les yeux :

Et plus s'en va rapide et s'enfle en sa carrière
Le cours de la maudite et néfaste rivière,
Plus s'offrent sur ses bords des chiens changés en loups.

Puis, plongeant au travers de gorges plus profondes,
A de si fins renards elle donne ses ondes
Que, pour s'en rendre maître, il n'est engins ni trous (2).

Nè lascerò di dir, perch' altri m' oda:
E buon sarà costui, s' ancor s' ammenta
Di ciò, che vero spirto mi disnoda:

Io veggio tuo nipote, che diventa
Cacciator di quei lupi in su la riva
Del fiero fiume, e tutti gli sgomenta.

Vende la carne loro, essendo viva:
Poscia gli ancide, come antica belva:
Molti di vita, e sè di pregio priva.

Sanguinoso esce della trista selva:
Lasciala tal, che di qui a mill' anni
Nello stato primaio non si rinselva.

Com' all' annunzio de' futuri danni
Si turba 'l viso di colui, ch' ascolta
Da qualche parte il periglio l' assanni:

Così vid' io l' altr' anima, che volta
Stava a udir, turbarsi, e farsi trista,
Poi ch' ebbe la parola a sè raccolta.

Lo dir dell' una, e dell' altra la vista
Mi fe' voglioso di saper lor nomi,
E dimanda ne fei con prieghi mista.

CHANT XIV.

Je dirai tout : qu'un autre entende et me comprenne,
Il s'en trouvera bien, pourvu qu'il se souvienne
De ce que dicte en moi l'esprit de vérité.

Je vois ton petit-fils chassant les loups sauvages,
Et le long de l'Arno sur ses tristes rivages
Tout ce troupeau de loups fuyant épouvanté.

Il les vend tout vivants, ces corps faits de chair d'homme,
Comme des bestiaux gras ensuite il les assomme ;
Beaucoup perdent la vie et lui perd son honneur.

Sanglant il sort enfin de ces forêts damnées
Qu'il laisse en tel état que d'ici mille années
Elles ne reprendront leur antique splendeur (3). »

En entendant des voix de sinistre présage,
On se trouble et soudain l'on change de visage,
De quelque endroit lointain que vienne le danger.

Tel je vis l'autre esprit tourné pour mieux entendre,
Quand il eut achevé d'ouïr et de comprendre,
Se troubler et son front de douleur se charger.

La voix de l'un et l'air de l'autre m'inspirèrent
Le désir de savoir quel nom tous deux portèrent :
En priant doucement, je le leur demandai.

Perchè lo spirto, che di pria parlòmi,
Ricominciò: Tu vuoi ch' io mi deduca
Nel fare a te ciò, che tu far non vuomi.

Ma da che Dio in te vuol che traluca
Tanta sua grazia, non ti sarò scarso:
Però sappi ch' io son Guido del Duca.

Fu 'l sangue mio d' invidia sì riarso,
Che, se veduto avessi uom farsi lieto,
Visto m' avresti di livore sparso.

Di mia semenza cotal paglia mieto.
O gente umana, perchè poni il cuore,
Là 'v' è mestier di consorto divieto?

Questi è Rinier: quest' è 'l pregio, e l' onore
Della casa da Calboli, ove nullo
Fatto s' è reda poi del suo valore.

E non pur lo suo sangue è fatto brullo
Tra 'l Po, e 'l monte, e la marina, e 'l Reno
Del ben richiesto al vero ed al trastullo:

Chè dentro a questi termini è ripieno
Di venenosi sterpi, sì che tardi
Per coltivare omai verrebber meno.

L'ombre qui me parla sur-le-champ de reprendre :
« Tu veux en ta faveur me faire condescendre
A ce qu'à mes souhaits tu n'as pas accordé.

Mais puisque Dieu te fait une grâce si rare,
Je ne veux point pour toi me montrer trop avare.
Sache donc que Guido del Duc l'on me nommait.

Mon sang fut si brûlé par le feu de l'envie,
Qu'un homme montrait-il de la joie en la vie,
De livide pâleur tout mon front se couvrait.

Et voilà de mon grain le fruit que je moissonne.
Ah ! pourquoi votre cœur, race humaine, s'adonne
Aux biens dont forcément tout partage est exclu?

Tu vois là Rinieri, la gloire et la couronne
De l'antique maison des Calboli ; personne
Ne s'est fait l'héritier, lui mort, de sa vertu.

Et sa race aujourd'hui n'est pas seulement veuve,
Entre le Pô, le mont, la mer bleue et le fleuve,
Des véritables biens qui nous rendent contents;

Le pays tout entier compris dans ces limites
Est couvert de chardons et de ronces maudites.
Pour les déraciner, il faudra bien du temps.

Ov' è 'l buon Lizio, e Arrigo Manardi,
Pier Traversaro, e Guido di Carpigna?
O Romagnuoli tornati in bastardi!

Quando in Bologna un Fabbro si ralligna?
Quando 'n Faenza un Bernardin di Fosco,
Verga gentil di picciola gramigna?

Non ti maravigliar, s'io piango, Tosco,
Quando rimembro con Guido da Prata
Ugolin d'Azzo, che vivette nosco:

Federigo Tignoso, e sua brigata:
La casa Traversara, e gli Anastagi:
E l'una gente, e l'altra è diretata.

Le donne, e i cavalier, gli affanni, e gli agi,
Che ne 'nvogliava amore e cortesia,
Là dove in cuor son fatti sì malvagi.

O Brettinoro, che non fuggi via,
Poichè gita se n'è la tua famiglia,
E molta gente, per non esser ria?

Ben fa Bagnacaval, che non rifiglia;
E mal fa Castrocaro, e peggio Conio,
Che di figliar tai Conti più s'impiglia.

Où sont-ils aujourd'hui le bon Licio, Manare,
Et Guido de Carpigne et Pierre Traversare?
O Romagnols tournés en bâtards, où sont-ils?

Quand pourront un Fabro dans Bologne renaître,
Un Bernardin Fosco dans Faënza paraître?
Ces gentils rejetons de troncs maigres et vils!

Ne t'émerveille pas, ô Toscan, si je pleure
Quand j'évoque Guido de Prat, mort à cette heure,
Ugolino d'Agi, notre bon compagnon,

Et Frédéric Tignose et sa famille rare,
Le sang d'Anastagi, celui de Traversare,
Disparus sans laisser d'héritier de leur nom;

Dames et cavaliers, et hauts faits qu'en la vie
Nous inspiraient jadis amour et courtoisie
En ces lieux où les cœurs sont si fort gangrenés!

O Brettinor (4), pourquoi ne pas t'être écroulée
Quand ta famille s'est elle-même exilée,
Et bien d'autres encor pour n'être pas damnés.

Bagnacaval, qui point ne fait souche, est bien sage
Et Castrocar a tort, Conio tort davantage,
Lui qui donne le jour à des comtes impurs.

Ben faranno i Pagan, da che 'l Demonio
Lor sen' girà: ma non però, che puro
Giammai rimanga d' essi testimonio.

O Ugolin de' Fantolin, sicuro
È il nome tuo, da che più non s' aspetta
Chi far lo possa tralignando oscuro.

Ma va via, Tosco, omai, ch' or mi diletta
Troppo di pianger più, che di parlare,
Sì m' ha vostra ragion la mente stretta.

Noi sapevam, che quell' anime care
Ci sentivano andar: però tacendo,
Facevan noi del cammin confidare.

Poi fummo fatti soli, procedendo,
Folgore parve, quando l' aer fende,
Voce, che giunse di contra, dicendo:

Anciderammi qualunque m' apprende.
E fuggia come tuon, che si dilegua,
Se subito la nuvola scoscende.

Come da lei l' udir nostro ebbe tregua;
Ed ecco l' altra con sì gran fracasso,
Che somigliò tonar, che tosto segua:

Les Pagani pourront bien mériter peut-être
Quand on verra leur Diable (5) au tombeau disparaître,
Mais leurs noms ne seront jamais tout à fait purs.

Ugolin Fantoli, toi, ta mémoire est sûre
Et ton nom pour toujours est à l'abri d'injure;
Nul fils en forlignant n'en ternira l'honneur.

Maintenant, ô Toscan, suis ton chemin : je pleure,
Et pleurer m'est plus doux que parler à cette heure,
Tant le nom du pays m'a déchiré le cœur!»

Nous étions assurés que le long de l'enceinte
Nous entendaient aller ces chers esprits. Sans crainte,
Comme ils ne disaient mot, nous allions en avant.

Lorsque nous fûmes seuls, le long de la carrière,
Une voix tout à coup traversa l'atmosphère
Prompte comme la foudre et vint à nous disant :

« Quiconque me prendra m'arrachera la vie (6)!»
Et, ce disant, la voix aussitôt s'est enfuie
Comme fuit, en crevant le nuage, un éclair.

La voix retentissait encore à notre oreille,
Quand une autre éclata plus terrible, pareille
Au tonnerre qui suit le tonnerre dans l'air :

Io sono Aglauro, che divenni sasso;
E allor, per istringermi al Poeta,
Indietro feci, e non innanzi 'l passo.

Già era l'aura d'ogni parte queta:
Ed ei mi disse: Quel fu il duro camo,
Che dovria l'uom tener dentro a sua meta.

Ma voi prendete l'esca, sì che l'amo
Dell'antico avversario a sè vi tira,
E però poco val freno, o richiamo.

Chiamavi 'l Cielo, e 'ntorno vi si gira,
Mostrandovi le sue bellezze eterne,
E l'occhio vostro pure a terra mira:

Onde vi batte Chi tutto discerne.

CHANT XIV.

« Je suis Aglaure, Aglaure, hélas! changée en pierre (7)! »
Aux côtés du poëte à ces mots je me serre
Et je n'avançai plus, mais reculai d'un pas.

Lorsque de toutes parts l'air fut calme et tranquille:
« Voilà le rude frein, me dit alors Virgile,
Qui devrait retenir et qui ne retient pas (8).

Vous mordez follement à l'appât, race humaine!
L'hameçon de l'antique ennemi vous entraîne:
C'est pourquoi peu vous sert le frein ou l'aiguillon.

Sur vos têtes tournant quand le ciel vous appelle,
Déployant devant vous sa splendeur éternelle,
A la terre vos yeux bornent leur horizon,

Et Celui qui voit tout vous frappe avec raison.

NOTES DU CHANT XIV.

(1) Montagne de l'Apennin.

(2) Par les pourceaux, le poëte désigne les luxurieux Casentins ; par les roquets hargneux, les pauvres et orgueilleux habitants d'Arezzo. Les chiens qui se changent en loups, ce sont les Florentins avides et avares. Les renards sont les Pisans.

(3) Guido del Duca de Brettinoro qui parle ici s'adresse à Rinieri. Ce petit-fils dont il lui prédit les sanglants triomphes, c'est Fulcieri, podestat de Florence en 1302, qui, gagné par les Noirs, fit enfermer et tuer les principaux Blancs.

(4) Brettinoro, comme plus loin Bagnacavallo, Castrocaro, Conio, forteresses ou châteaux de la Romagne.

(5) Un des Pagani avait reçu le surnom de *il Diavolo*.

(6) C'est la voix de Caïn après le meurtre de son frère : *Omnis qui invenerit me, occidet me* (Genèse, chap. IV).

(7) Aglaure, fille de Cécrops, jalouse de sa sœur Hersé, se précipita du haut de la citadelle d'Athènes et fut changée en pierre.

(8) Après les paroles de charité qui traversaient l'air et qui étaient comme un *fouet* d'amour pour les envieux, voilà, dit Virgile à Dante, *le frein* dont je t'ai parlé : ce sont des paroles de désespoir.

ARGUMENT DU CHANT XV.

Un ange éblouissant indique aux voyageurs un nouveau sentier par où ils doivent s'élever au troisième cercle où s'expie le péché de la colère. Dante et Virgile s'entretiennent en marchant. Une phrase du Romagnol Guido del Duca est restée obscure pour Dante. Virgile la lui explique et lui démontre que l'envie ne s'attache qu'aux faux biens. Au seuil du troisième cercle, Dante, ravi en extase, voit passer dans une vision des exemples de mansuétude, par opposition au péché de colère dont il va voir l'expiation. Quand il se réveille, il est au cercle même de la colère qu'annonce une épaisse fumée.

CANTO DECIMOQUINTO.

Quanto tra l' ultimar dell' ora terza,
E 'l principio del dì par della spera,
Che sempre a guisa di fanciullo scherza;

Tanto pareva già inver la sera
Essere al Sol del suo corso rimaso;
Vespero là, e qui mezza notte era:

E i raggi ne ferian per mezzo il naso,
Perchè per noi girato era sì il monte,
Che già dritti andavamo inver l' occaso;

Quando io senti' a me gravar la fronte
Allo splendore assai più che di prima,
E stupor m' eran le cose non conte:

CHANT QUINZIÈME.

Aussi court le chemin qui reste encore à faire
Entre la troisième heure (1) et l'aurore à la sphère
Toujours en mouvement comme un enfant joueur :

Tel ici le chemin du char de la lumière,
Pour arriver au soir et finir sa carrière (2) :
Sur terre il est minuit, vêpres sur la hauteur.

Les rayons me frappaient au milieu du visage,
Car, à l'entour du mont poursuivant le voyage,
Déjà droit au couchant nos pas se dirigeaient.

Tout à coup je sentis tomber sur ma paupière
Une clarté plus vive encor que la première,
Et dans l'étonnement ces choses me plongeaient.

Ond' io levai le mani invèr la cima
Delle mie ciglia, e fecimi 'l solecchio,
Che del soverchio visibile lima.

Come quando dall' acqua, o dallo specchio
Salta lo raggio all' opposita parte,
Salendo su per lo modo parecchio

A quel, che scende, e tanto si diparte
Dal cader della pietra, in igual tratta,
Sì come mostra esperienza ed arte:

Così mi parve da luce rifratta
Ivi dinanzi a me esser percosso:
Perch' a fuggir la mia vista fu ratta.

Che è quel, dolce padre, a che non posso
Schermar lo viso, tanto che mi vaglia,
Diss' io, e pare inver noi esser mosso?

Non ti maravigliar s' ancor t' abbaglia
La famiglia del Cielo, a me rispose:
Messo è, che viene ad invitar ch' uom saglia.

Tosto sarà, ch' a veder queste cose,
Non ti fia grave, ma fieti diletto,
Quanto natura a sentir ti dispose.

CHANT XV.

A la hauteur du front par devant ma prunelle
J'élevai mes deux mains en manière d'ombrelle,
Pour amortir l'éclat de ce feu trop ardent.

Comme, lorsque de l'onde ou du miroir solaire
Le rayon tout à coup jaillit en sens contraire,
On le voit remonter tout ainsi qu'il descend.

Il ne s'écarte pas plus de la verticale
Et garde en son parcours une longueur égale
Comme l'ont démontré l'expérience et l'art :

Une lumière ainsi devant moi réfléchie
Vint frapper tout à coup ma paupière éblouie
Et me fit sur-le-champ détourner le regard.

« O doux père, quelle est cette étrange lumière
Dont à peine je puis garantir ma paupière,
M'écriai-je, et vers nous qui semble se porter? »

— « Ne t'émerveille pas que du Ciel la famille
A ton œil faible encor trop vivement scintille.
C'est un ange qui vient inviter à monter.

Le temps sera bientôt où ces clartés propices
Tu les verras sans peine et même avec délices,
Avec tout le bonheur que tu peux ressentir. »

Poi giunti fummo all' Angel benedetto,
Con lieta voce disse: Intrate quinci
Ad un scalèo vie men che gli altri eretto.

Noi montavamo, già partiti linci,
E *Beati misericordes* fue
Cantato retro, e godi tu, che vinci.

Lo mio Maestro, ed io soli amendue
Suso andavamo, ed io pensava, andando,
Prode acquistar nelle parole sue:

E drizzami a lui sì dimandando,
Che volle dir lo spirto di Romagna,
E divieto e consorto menzionando?

Perch' egli a me: Di sua maggior magagna
Conosce 'l danno: e però non si ammiri,
Se ne riprende, perchè men sen' piagna.

Perchè s' appuntano i vostri desiri,
Dove per compagnia, parte si scema:
Invidia muove il mantaco a' sospiri.

Ma se l' amor della spera suprema
Torcesse 'n suso 'l desiderio vostro,
Non vi sarebbe al petto quella tema:

Près de l'ange béni lorsque nous arrivâmes,
Il dit joyeusement : « Passez ici ; les âmes
Ont un escalier là moins pénible à gravir. »

Déjà nous étions loin des ombres envieuses ;
Derrière nous chantaient des voix harmonieuses :
« Bienheureux les vainqueurs! bienheureux les cléments! »

Le maître et moi tout seuls nous montions la chaussée.
Et moi, tout en marchant, j'avais dans la pensée
De faire mon profit de ses enseignements.

Et me tournant vers lui : « Maître, daigne m'apprendre,
Ce que le Romagnol (3) voulait nous faire entendre,
En parlant de ces biens qu'on ne peut partager? »

Et lui : « Sachant le fruit de son principal vice,
Il n'est pas surprenant qu'il nous en avertisse,
Pour que l'on ait un jour moins à s'en affliger.

Parce que vous rêvez à des biens dont l'usage
Ne peut, sans s'amoindrir, souffrir aucun partage,
Les soupirs envieux viennent vous attrister ;

Au lieu que si l'amour de la sphère immortelle
Élevait les désirs de vos âmes vers elle,
Votre cœur n'aurait pas l'envie à redouter.

14.

Chè per quanto si dice più lì nostro,
Tanto possiede più di ben ciascuno,
E più di caritate arde 'n quel chiostro.

Io son d' esser contento più digiuno,
Diss' io, che se mi fosse pria taciuto:
E più di dubbio nella mente aduno:

Com' esser puote, ch' un ben distributo
I più posseditor faccia più ricchi
Di sè, che se da pochi è posseduto?

Ed egli a me: Perocchè tu rificchi
La mente pur alle cose terrene,
Di vera luce tenebre dispicchi.

Quello 'nfinito ed ineffabil bene,
Che lassù è, così corre ad amore,
Com' a lucido corpo raggio viene.

Tanto si dà, quanto truova d' ardore:
Sì che quantunque carità si stende,
Cresce sovr' essa l' eterno valore.

E quanta gente più lassù s' intende,
Più v' è da bene amare, e più vi s' ama,
E come specchio l' uno all' altro rende.

On ne dit pas : *le mien* là-haut ; on dit : *le nôtre*.
Plus l'un a de bonheur, plus en possède l'autre,
Et plus dans ces hauts lieux il brûle d'amour pur. »

— « Ces explications me rendent plus avide,
Et j'en demandais moins tout à l'heure, ô mon guide !
Ores dans mon esprit descend le doute obscur.

Comment est-ce qu'un bien qu'on divise et partage
Fait à ses possesseurs un plus riche héritage
Que si d'un seul heureux c'est la propriété ? »

Et lui me répondit : « Parce que tu contemples
D'un esprit absorbé les terrestres exemples,
La lumière pour toi devient l'obscurité.

Le bonheur que l'on goûte, ineffable, suprême,
Aux célestes parvis, vole à l'amour de même
Qu'un rayon de soleil sur un corps transparent.

Il se donne d'autant que l'amour est plus tendre ;
Et plus la charité peut grandir et s'étendre,
Plus l'éternel bonheur s'étend et devient grand.

Des cœurs unis là-haut plus la foule est extrême,
Plus il est doux d'aimer, plus tendrement l'on aime
Et chacun réfléchit l'amour comme un miroir.

E se la mia ragion non ti disfama,
Vedrai Beatrice: ed ella pienamente
Ti torrà questa, e ciascun' altra brama.

Procaccia pur che tosto sieno spente,
Come son già le due, le cinque piaghe,
Che si richiudon per esser dolente.

Com' io voleva dicer: Tu m' appaghe,
Vidimi giunto in su l' altro girone,
Sì che tacer mi fer le luci vaghe.

Ivi mi parve in una visione
Estatica di subito esser tratto,
E vedere in un tempio più persone:

Ed una donna in su l' entrar con atto
Dolce di madre, dicer: Figliuol mio,
Perchè hai tu così verso noi fatto?

Ecco dolenti lo tuo padre, ed io
Ti cercavamo; e come qui si tacque,
Ciò, che pareva prima, disparìo:

Indi m' apparve un' altra con quell' acque
Giù per le gote, che 'l dolor distilla
Quando per gran dispetto in altrui nacque:

CHANT XV.

Si quelque doute encore après cela te reste,
Tu verras Béatrice; elle dira le reste
Et tout ce que tu peux désirer de savoir (4).

Avance seulement si tu veux que la trace
Des cinq autres péchés que tu gardes s'efface :
Blessures dont il faut souffrir pour les fermer. »

Au moment où j'allais dire : « Je comprends, maître, »
Dans un autre giron voilà que je pénètre,
Et je me tais sentant mes regards s'enflammer.

Il me sembla soudain, vision fantastique !
Que j'étais emporté dans un rêve extatique :
Je voyais dans un temple une foule à genoux :

Et sur le seuil du temple une femme s'empresse,
Ouvrant des bras de mère et dit avec tendresse :
« Pourquoi, mon fils, agir de la sorte envers nous?

Partout, ton père et moi, l'angoisse au fond de l'âme,
Nous te cherchions, mon fils (5)! » Ici se tut la femme
Et la vision fuit dans le même moment.

Je vis une autre dame alors ; sur ses traits brille
Le flot amer des pleurs que la douleur distille
Quand elle naît au cœur d'un grand ressentiment.

E dir : Se tu se' sire della villa,
Del cui nome ne' Dei fu tanta lite,
Ed onde ogni scienza disfavilla,

Vendica te di quelle braccia ardite,
Ch' abbracciâr nostra figlia, o Pisistrato :
E 'l signor mi parea benigno, e mite

Risponder lei, con viso temperato :
Che farem noi a chi mal ne desira,
Se quei, che ci ama, è per noi condannato?

Poi vidi gente accese in fuoco d' ira,
Con pietre un giovinetto ancider, forte
Gridando a sè pur : Martira ! martira !

E lui vedea chinarsi per la morte,
Che l' aggravava già, inver la terra,
Ma degli occhi facea sempre al Ciel porte :

Orando all' alto Sire in tanta guerra,
Che perdonasse a' suoi persecutori,
Con quell' aspetto, che pietà disserra,

Quando l' anima mia tornò di fuori
Alle cose, che son fuor di lei vere,
Io riconobbi i miei non falsi errori.

CHANT XV. 251

« Si tu régis en roi la cité, disait-elle,
Dont le nom chez les dieux fit naître une querelle (6),
Foyer où tous les arts s'allument radieux,

Venge-toi de la main impie et scélérate
Qui vient de profaner ta fille, ô Pisistrate (7)!
Et lui, le bon seigneur miséricordieux,

Répondit, la figure impassible et sereine :
« Que ferons-nous à qui nous offense par haine,
Si des torts de l'amour nous nous vengeons si fort ? »

Et puis je vis brûlés du feu de la colère
Des gens qui massacraient un homme à coups de pierre ;
L'un l'autre ils s'excitaient hurlant : A mort! à mort!

Et le jeune martyr (8) sous cette mort affreuse
Vers la terre inclinait sa tête douloureuse,
Mais il ouvrait ses yeux comme un huis vers le Ciel,

Et priant au milieu de l'horrible torture,
Et la tendre pitié peinte sur sa figure,
Pour ses persécuteurs implorait l'Éternel.

Quand mon âme à la fin put revenir hors d'elle
A la réalité sensible et naturelle,
Je connus que j'avais rêvé la vérité.

Lo Duca mio, che mi potea vedere
Far sì com' uom, che dal sonno si slega,
Disse: Che hai, che non ti puoi tenere?

Ma se' venuto più che mezza lega
Velando gli occhi, e con le gambe avvolte,
A guisa di cui vino, o sonno piega?

O dolce Padre mio, se tu m' ascolte,
Io ti dirò, diss' io, ciò che m' apparve
Quando le gambe mi furon sì tolte.

Ed ei: Se tu avessi cento larve
Sovra la faccia, non mi sarien chiuse
Le tue cogitazion, quantunque parve.

Ciò che vedesti fu, perchè non scuse
D' aprir lo cuore all' acque della pace,
Che dall' eterno fonte son diffuse.

Non dimandai: Che hai, per quel, che face
Chi guarda pur con l' occhio, che non vede,
Quando disanimato il corpo giace.

Ma dimandai per darti forza al piede:
Così frugar conviensi i pigri lenti,
Ad usar lor vigilia, quando riede.

CHANT XV.

Mon guide, qui pouvait me voir lors comme un homme
Qui trébuche arraché soudain d'un profond somme,
Me dit : « Qu'as-tu, mon fils, à pencher de côté ?

Tu marches depuis près d'un mille en la carrière
En pliant les genoux et fermant la paupière,
Comme si le sommeil ou le vin te courbaient. »

Je dis : « Si tu veux bien m'entendre, ô mon doux maître !
Tu sauras ce qui vient ores de m'apparaître
Quand mes genoux tremblants sous moi se dérobaient. »

— « Quand tu posséderais cent masques sur la face,
Aucun de tes pensers, même le plus fugace,
Ne pourrait, dit Virgile, être à mes yeux caché.

Ce que tu viens de voir, c'est pour ouvrir ton âme
Aux doux flots de la paix, délicieux dictame,
De la source éternelle à jamais épanché.

Je n'ai pas demandé : *Qu'as-tu ?* comme peut faire
Un homme qui ne voit qu'avec l'œil de la terre,
Œil que ferme la mort d'un éternel sommeil.

J'ai parlé pour donner à ton pied plus de presse,
Comme il faut quelquefois gourmander la paresse,
Pour qu'elle use du temps pendant son court réveil. »

Noi andavam per lo vespero attenti
Oltre, quanto potean gli occhi allungarsi,
Contra i raggi serotini e lucenti.

Ed ecco a poco a poco un fummo farsi,
Verso di noi come la notte oscuro,
Nè da quello era luogo da cansarsi.

Questo ne tolse gli occhi, e l' aer puro.

CHANT XV.

Nous allions, attentifs tous deux, par la vesprée
En plongeant nos regards au loin dans la contrée,
A travers les rayons du soir tout radieux.

Voilà que par degrés, comme la nuit obscure,
S'amasse devant nous une fumée impure.
Pour nous en garantir, nul abri dans ces lieux :

Nous perdîmes l'air pur et l'usage des yeux.

NOTES DU CHANT XV.

(1) La troisième heure du matin.

(2) C'est-à-dire qu'il restait encore trois heures de jour.

(3) Guido del Duca.

(4) Car Virgile ne représente que la raison et la sagesse humaine. Ce qui est au-dessus est du ressort de Béatrice, c'est-à-dire de la science théologique, de la foi.

(5) Paroles de Marie et de Joseph à Jésus enfant.

(6) Athènes, à qui Minerve et Neptune voulaient tous les deux donner leur nom.

(7) La femme de Pisistrate lui demande vengeance d'un jeune homme qui a embrassé sa fille.

(8) C'est saint Étienne.

ARGUMENT DU CHANT XVI.

Au milieu des tourbillons de fumée, les pécheurs qui purgent le péché de la colère chantent avec un accord parfait une hymne de douceur et de miséricorde : l'*Agnus Dei*. L'un d'eux, Marco le Lombard, s'entretient avec Dante et lui démontre le libre arbitre donné à l'homme et l'erreur de ceux qui croient à l'influence des astres sur les actions humaines. Il attribue à la confusion des pouvoirs spirituels et temporels une partie des maux qui désolent l'humanité.

CANTO DECIMOSESTO.

Buio d' Inferno, e di notte privata
D' ogni pianeta sotto pover cielo,
Quant' esser può di nuvol tenebrata,

Non fero al viso mio sì grosso velo,
Come quel fummo, ch' ivi ci coperse,
Nè a sentir di così aspro pelo:

Chè l' occhio stare aperto non sofferse:
Onde la scorta mia saputa e fida
Mi s' accostò, e l' omero m' offerse.

Sì come cieco va dietro a sua guida
Per non smarrirsi, e per non dar di cozzo
In cosa, che 'l molesti, o forse ancida,

CHANT SEIZIÈME.

Les ombres de l'Enfer, des nuages funèbres,
Sous un ciel pauvre et nu, amassant leurs ténèbres
Dans une nuit profonde où nul astre ne rit,

N'avaient pas d'un tel voile assombri mon visage,
Ni fait par leur contact un aussi rude outrage
Que cet épais brouillard qui soudain nous couvrit.

De tenir l'œil ouvert je n'avais plus la force;
Le compagnon fidèle à mon aide s'efforce
Et me tend son épaule en guise de confort.

Ainsi que pas à pas l'aveugle suit son guide,
De peur qu'il ne s'égare et qu'un choc homicide
Ne lui fasse en chemin éprouver mal ou mort,

M' andava io per l' aere amaro e sozzo,
Ascoltando 'l mio Duca, che diceva
Pur: Guarda, che da me tu non sie mozzo.

Io sentia voci, e ciascuna pareva
Pregar per pace, e per misericordia,
L' Agnèl di Dio, che le peccata leva.

Pure *Agnus Dei* eran le loro esordia:
Una parola era in tutti, e un modo,
Sì che parea tra esse ogni concordia.

Quei sono spirti, Maestro, ch' i' odo?
Diss' io; ed egli a me: Tu vero apprendi,
E d' iracondia van solvendo 'l nodo.

Or tu chi se', che 'l nostro fummo fendi,
E di noi parli pur, come se tue
Partissi ancor lo tempo per calendi?

Così per una voce detto fue:
Onde 'l Maestro mio disse: Rispondi,
E dimanda se quinci sì va sue.

Ed io: O creatura, che ti mondi,
Per tornar bella a Colui, che ti fece,
Maraviglia udirai, se mi secondi.

CHANT XVI.

Ainsi, par l'air souillé dont l'âcreté me blesse,
J'allais, suivant le mien qui répétait sans cesse :
« A mes côtés, mon fils, reste bien attaché ! »

Puis j'entendis des voix qui semblaient dans l'espace
S'unir pour implorer le pardon et la grâce
De l'Agneau du Seigneur rédempteur du péché.

Agnus Dei, c'était l'harmonieuse exorde.
Toutes semblaient prier sur une même corde,
Entre toutes l'accord semblait être parfait.

Quels sont ces esprits-là que j'entends, dis-je, ô maître?
Et lui me répondit : « Apprends à les connaître :
Le nœud de la colère à leurs chants se défait. »

« Quel homme es-tu donc toi qui fends notre atmosphère,
Et qui parles de nous comme si sur la terre
Par calendes encor tu calculais le temps ? »

En ces mots une voix tout à coup me gourmande.
Sur quoi mon maître dit : « Réponds, et lui demande
Si par ici plus haut montent les pénitents. »

Et moi : « Toi qui gémis, créature imparfaite,
Pour retourner plus belle à Celui qui t'a faite,
Suis-moi, je t'apprendrai mon destin merveilleux. »

15.

Io ti seguiterò quanto mi lece,
Rispose: e se veder fummo non lascia,
L' udir ci terrà giunti in quella vece.

Allora incominciai: Con quella fascia,
Che la morte dissolve, men' vo suso,
E venni qui per la 'nfernale ambascia:

E se Dio m' ha in sua grazia richiuso,
Tanto ch' e' vuol ch' io veggia la sua corte
Per modo tutto fuor del modern' uso,

Non mi celar chi fosti anzi la morte,
Ma dilmi, e dimmi s' io vo bene al varco,
E tue parole fien le nostre scorte.

Lombardo fui, e fui chiamato Marco:
Del mondo seppi, e quel valore amai,
Al quale ha or ciascun disteso l' arco:

Per montar su, dirittamente vai:
Così rispose; e soggiunse: Io ti prego,
Che per me preghi quando su sarai.

Ed io a lui: Per fede mi ti lego
Di far ciò, che mi chiedi: ma io scoppio
Dentro ad un dubbio, s' i' non me ne spiego.

— «Autant qu'il m'est permis, je te suivrai, dit l'ombre,
Et si nous ne pouvons nous voir dans cet air sombre,
Nous unira l'oreille à défaut de nos yeux.»

Alors je commençai : «Je monte avec ces langes
Que défera la mort vers le séjour des anges.
Ici je suis venu par l'angoisse d'Enfer :

Et si dans sa bonté Dieu permet que je voie
Sa bienheureuse cour, en suivant une voie
Que l'on ne connaît plus dans ce siècle de fer (2),

Apprends-moi qui tu fus et dissipe mon doute :
Dis-moi si pour sortir je suis la bonne route ;
Ta réponse sera notre fil conducteur.»

L'ombre dit : «Je suis Marc, fils de la Lombardie.
J'étais expert du monde, et j'aimais dans la vie
Un bien où plus personne ores ne tend son cœur.

Pour monter au sommet tu suis la bonne route.»
Ainsi l'ombre répond et suppliante ajoute :
«Quand tu seras en haut, daigne prier pour moi !»

— «A servir ton souhait par serment je m'engage,
Répondis-je ; mais j'ai dans l'esprit un nuage
Qu'il faut qu'absolument j'éclaircisse avec toi.

Prima era scempio, ed ora è fatto doppio
Nella sentenzia tua, che mi fa certo
Qui e altrove quello, ov' io l' accoppio.

Lo mondo è ben così tutto diserto
D' ogni virtute, come tu mi suone,
E di malizia gravido e coverto:

Ma prego, che m' additi la cagione,
Sì ch' io la vegga, e ch' io la mostri altrui:
Chè nel Cielo uno, e un quaggiù la pone.

Alto sospir, che duolo strinse in Hui,
Mise fuor prima: e poi cominciò: Frate,
Lo mondo è cieco: e tu vien' ben da lui:

Voi che vivete, ogni cagion recate
Pur suso al Cielo, sì come se tutto
Movesse seco di necessitate.

Se così fosse, in voi foro distrutto
Libero arbitrio, e non fora giustizia
Per ben letizia, e per male aver lutto.

Lo Cielo i vostri movimenti inizia,
Non dico tutti: ma posto ch' io 'l dica,
Lume v' è dato a bene, ed a malizia:

Le doute m'assiégeait déjà, mais bien plus forte
Est mon incertitude, alors que je rapporte
Ce que tu viens de dire à ce qu'on m'a conté.

La vertu dans le monde a perdu son empire,
Et c'est avec raison que ton cœur en soupire,
Il est gonflé de mal, couvert d'iniquités.

Mais la cause du mal, ah! peux-tu me l'apprendre?
Que je la voie et puisse à mon tour la répandre,
Car l'un la met au Ciel, l'autre la place en bas. »

L'ombre exhale un soupir de tristesse profonde,
Puis répond en ces mots : « Frère, aveugle est le monde,
Et tu viens bien de lui, tu ne le démens pas.

Vous, les vivants, cherchez dans le Ciel toute cause,
Comme s'il emportait dans son cours chaque chose,
En imprimant à tout un mouvement fatal.

S'il en était vraiment ainsi, le libre arbitre
En vous serait détruit; mais alors à quel titre
Le bonheur pour le bien, les tourments pour le mal?

Vos premiers mouvements, le Ciel vous les inspire,
Je ne dis pas tous, mais quand tous je devrais dire,
Du bien comme du mal vous avez la clarté

E libero voler; che se affatica
Nelle prime battaglie col Ciel dura,
Poi vince tutto, se ben si notrica.

A maggior forza, e a miglior natura
Liberi soggiacete, e quella cria
La mente in voi, che 'l Ciel non ha in sua cura.

Però se 'l mondo presente vi disvia,
In voi è la cagione, in voi si cheggia:
Ed io te ne sarò or vera spia.

Esce di mano a lui, che la vagheggia,
Prima che sia, a guisa di fanciulla,
Che piangendo, e ridendo pargoleggia,

L' anima semplicetta, che sa nulla,
Salvo, che mossa da lieto Fattore,
Volentier torna a ciò, che la trastulla.

Di picciol bene in pria sente sapore;
Quivi s'inganna, e dietro a esso corre,
Se guida, o fren non torce 'l suo amore.

Onde convenne legge per fren porre:
Convenne rege aver, che discernesse
Della vera cittade almen la torre.

Et le libre vouloir, et quiconque travaille
A gagner sur le Ciel la première bataille,
Triomphera de tout avec la volonté.

Libres, vous dépendez, mais d'une force bonne,
D'un être souverain qui vous crée et vous donne
L'esprit qu'astres ni Ciel ne peuvent dominer.

C'est pourquoi si le monde aujourd'hui périclite,
Cherchez la cause en vous : c'est en vous qu'elle habite,
Et la preuve je vais sur-le-champ la donner.

L'âme sort de la main de Dieu ; le puissant Maître
Lui souriait avant que de lui donner l'être.
Comme une enfant qui joue en riant et pleurant,

Dans le monde elle vient toute neuve et simplette,
Elle sait seulement qu'un Dieu joyeux l'a faite
Et vers tout ce qui charme elle va se tournant.

Des plus fragiles biens d'abord elle s'enivre,
Et séduite par eux s'égare à les poursuivre,
Si nul guide ou nul frein ne conduit son amour.

Or, les lois sont ce frein qui contient et redresse ;
Et les guides ce sont les rois dont la sagesse
De la cité de Dieu distingue au moins la tour (9).

Le leggi son, ma chi pon mano ad esse?
Nullo: perocchè 'l pastor, che precede,
Ruminar può, ma non ha l' unghie fesse:

Per che la gente, che sua guida vede
Pure a quel ben ferire, ond' ell' è ghiotta,
Di quel si pasce, e più oltre non chiede.

Ben puoi veder, che la mala condotta
È la cagion, che 'l mondo ha fatto reo,
E non natura, che 'n voi sia corrotta.

Soleva Roma, che 'l buon mondo feo,
Duo Soli aver, che l' una e l' altra strada
Facean vedere, e del mondo, e di Deo.

L' un l' altro ha spento, ed è giunta la spada
Col pasturale, e l' uno e l' altro insieme,
Per viva forza mal convien che vada:

Perocchè giunti, l' un l' altro non teme:
Se non mi credi, pon mente alla spiga:
Ch' ogni erba si conosce per lo seme.

In sul paese, ch' Adige e Po riga,
Solea valore e cortesie trovarsi,
Prima che Federigo avesse briga;

Les lois existent, mais main-forte qui leur prête?
Personne : le pasteur qui marche seul en tête
Peut ruminer, mais il n'a pas les pieds fourchus (3).

Et le troupeau voyant ainsi son propre guide
Rechercher les vains biens dont lui-même est avide,
Se repaît de ces biens et ne quiert rien de plus.

Reconnais donc que c'est la mauvaise gouverne
Qui fait de votre monde une impure caverne,
Bien loin que par nature il soit si criminel.

Jadis, versant au monde et ses biens et ses joies,
Rome avait deux soleils pour éclairer deux voies :
Les chemins de la terre et la route du Ciel.

Des deux lumières, l'une est par l'autre obscurcie,
Au bâton pastoral l'épée est réunie,
Et joints par force ensemble ils vont de mal en pis,

Pour ce que joints ainsi, nul des deux ne craint l'autre.
Si tu ne me crois pas, examine l'épeautre :
On juge la semence en voyant les épis (4).

Aux bords que l'Éridan et que l'Adige baigne,
Valeur et courtoisie abritaient leur beau règne,
Avant que Frédéric pour l'empire eût lutté.

Or può sicuramente indi passarsi,
Per qualunque lasciasse per vergogna
Di ragionar co' buoni, o d' appressarsi.

Ben v' en tre vecchi ancora, in cui rampogna
L' antica età la nuova, e par lor tardo
Che Dio a miglior vita li ripogna;

Currado da Palazzo, e 'l buon Gherardo,
E Guido da Castel, che me' si noma,
Francescamente, il semplice Lombardo.

Di' oggimai, che la chiesa di Roma,
Per confondere in sè duo reggimenti,
Cade nel fango, e sè brutta, e la soma.

O Marco mio, diss' io, bene argomenti;
Ed or discerno perchè dal retaggio
Li figli di Levì furono esenti.

Ma qual Gherardo è quel, che tu, per saggio
Di' ch' è rimaso della gente spenta,
In rimproverio del secol selvaggio?

O tuo parlar m' inganna, o el mi tenta,
Rispose a me, che parlandomi tosco,
Par che del buon Gherardo nulla senta.

CHANT XVI.   271

Quiconque maintenant, comme un vivant reproche,
Craindrait des gens de bien le commerce et l'approche,
Pourrait les parcourir en toute sûreté.

Des antiques vertus restés en témoignage,
Trois vieillards seuls font honte aux vices de notre âge ;
Vers un monde meilleur ils lèvent leur regard :

Conrad de Palazzo, le brave gentilhomme ;
Gérard, avec Guido de Castel, que l'on nomme
Encor mieux en français le simple et bon Lombard.

Proclame désormais que l'Église romaine,
Confondant deux pouvoirs, avec sa charge humaine,
A versé dans la boue et souillé son fardeau. »

— « O cher Marc, dis-je alors, tu parles comme un sage.
Je comprends maintenant pourquoi de l'héritage
Les enfants de Lévi n'eurent aucun morceau (5).

Mais quel est ce Gérard, que tu nous représentes
Comme un débris vivant des vertus précédentes,
Pour servir de reproche au siècle de Satan ? »

— « Prétends-tu me tromper ou m'éprouver peut-être,
Répondit l'ombre, toi qui ne veux rien paraître
Savoir du bon Gérard et qui parles toscan ?

Per altro soprannome i' nol conosco,
S' io nol togliessi da sua figlia Gaia.
Dio sia con voi, chè più non vegno vosco.

Vedi l' albor, che per lo fummo raia,
Già biancheggiare: e me convien partirmi;
L' angelo è ivi, prima ch' egli paia:

Così parlò; e più non volle udirmi.

Je ne lui connais pas d'autre surnom sur terre,
A moins de l'emprunter à Gaie (5) : il est son père.
Mais Dieu soit avec vous ! il me faut m'arrêter.

Vois le jour à travers le brouillard qui s'écarte
Projeter ses blancheurs. Il faut qu'ores je parte ;
L'ange vient, et je dois sur-le-champ vous quitter. »

Ainsi dit l'ombre et plus ne voulut m'écouter.

NOTES DU CHANT XVI.

(1) D'autres ont fait, dans les temps anciens, ce voyage surnaturel, tels que saint Paul et Énée. Dante a parlé de ce voyage au chant II de l'Enfer et c'est à lui qu'il fait allusion ici. Ce qui n'empêche pas M. Aroux de s'écrier, en perdant la mémoire : « Dans quel temps de l'antiquité était-il d'usage de visiter l'autre monde ? » Et ce trop ingénieux commentateur, qui veut à toute force un Dante hérétique, imagine sur-le-champ que Dante tient ici à constater « que c'est en dehors de l'usage moderne, *fuor del modern' uso*, qu'il traite de l'initiation dans un poëme en apparence catholique, donnant ainsi à comprendre qu'il agit conformément à l'usage antique et marche sur les traces des anciens chantres des mystères : Orphée, Homère, Hésiode, Virgile (Virgile ! c'est écrit), dont les compatriotes récitaient les vers *sans en comprendre le sens secret.* » Voilà assurément une explication fort subtile et mille fois plus savante que la nôtre ; mais le lecteur reconnaîtra que la nôtre a l'avantage de dispenser de l'autre.

(2) La tour de la cité de Dieu c'est la justice ; elle est le fondement des autres vertus sociales.

(3) Le pasteur du troupeau chrétien peut ruminer, c'est-à-dire préparer l'aliment spirituel, car il a la sagesse doctrinale ; mais comme il confond dans sa main deux pouvoirs qu'il devrait partager, le spirituel et le temporel, il n'a pas l'ongle fendu. Or, d'après la loi de Moïse, les ruminants qui n'ont pas l'ongle fendu sont impurs (Lévitique).

(4) *A fructibus eorum cognoscetis eos* (Matth. VII, 20).

(5) La tribu de Lévi, exclusivement sacerdotale, n'eut point de part dans la distribution qui fut faite de la terre de Chanaan. Le poëte cherche dans ce fait une consécration de la séparation des deux pouvoirs spirituel et temporel.

(6) C'était, dit Grangier, un grand miroir de chasteté.

ARGUMENT DU CHANT XVII.

Les poëtes sortent du brouillard et de la fumée. Dante voit en imagination divers exemples de violence et de colère. Un ange les tire encore du cercle des colériques et leur indique une montée qui les conduit au cercle supérieur. La nuit est arrivée. Dante s'arrête. Virgile lui apprend qu'il est au cercle des paresseux, de ceux qui furent tièdes dans l'amour du bien, et lui démontre que bonnes et mauvaises œuvres, tout procède de l'amour. Nous péchons en effet par l'amour du mal du prochain, expié dans les trois premiers cercles, ou par l'amour du bien trop lent à la tâche expié dans ce quatrième cercle, ou par l'amour du bien mal dirigé qu'on verra expier dans les trois cercles suivants

CANTO DECIMOSETTIMO.

Ricorditi, lettor, se mai nell' alpe
Ti colse nebbia, per la qual vedessi
Non altrimenti, che per pelle talpe :-

Come quando i vapori umidi e spessi
A diradar cominciansi, la spera
Del Sol debilemente entra per essi :

E fia la tua immagine leggiera
In giungere a veder, com' io rividi
Lo Sole in pria, che già nel corcare era.

Sì parreggiando i miei co' passi fidi
Del mio Maestro uscii fuor di tal nube,
A' raggi morti già ne' bassi lidi.

CHANT DIX-SEPTIÈME.

O lecteur, si jamais dans les Alpes neigeuses
Tu fus enveloppé de vapeurs orageuses,
Qui d'une taie épaisse obscurcissaient tes yeux,

Ressouviens-toi, comment, lorsque le voile humide
Commence à s'éclaircir, faible encore et timide,
Entre et glisse au travers la lumière des cieux.

Et tu pourras te faire une légère image
De ce que j'éprouvai, quand, perçant le nuage,
Je revis le soleil tout près de se coucher.

Ainsi réglant mes pas sur celui qui m'entraîne
Aux rayons pâlissants déjà morts dans la plaine,
Je sortis du brouillard et me mis à marcher.

O immaginativa, che ne rube
Tal volta sì di fuor, ch' uom non s'accorge,
Per che d'intorno suonin mille tube,

Chi muove te, se 'l senso non ti porge?
Muoveti lume, che nel Ciel s'informa,
Per sè, o per voler, che giù lo scorge.

Dell' empiezza di lei, che mutò forma
Nell' uccel, che a cantar più si diletta,
Nell' immagine mia apparve l'orma.

E qui fu la mia mente sì ristretta
Dentro da sè, che di fuor non venia
Cosa, che fosse ancor da lei recetta.

Poi piovve dentro all' alta fantasia
Un crocifisso dispettoso e fiero
Nella sua vista, e cotal si moria:

Intorno ad esso era 'l grande Assuero,
Ester sua sposa, e 'l giusto Mardocheo,
Che fu al dire e al far così 'ntero.

E come questa immagine rompeo
Sè per sè stessa, a guisa d'una bulla,
Cui manca l'acqua, sotto qual si feo,

Imagination! qui hors de nous nous jettes,
Et qui peux étouffer le bruit de cent trompettes,
Quand tu tiens un mortel sous ton pouvoir ployé,

Sans le secours des sens quelle force t'anime?
Tu te meus d'un éclair qui dans le ciel sublime
S'allume de lui-même, ou descend envoyé.

Tout à coup, en esprit je crus voir Philomèle
Expiant devant moi sa fureur criminelle
Et changée en l'oiseau qui plus aime à chanter.

De cette vision mon âme possédée
Si fort se concentra dedans sa propre idée,
Que rien des sens alors ne pouvait l'affecter.

Et puis, de mon esprit fantastique mirage!
Je vis un homme en croix, farouche de visage,
Plein de dédains : la mort ne semblait l'ébranler (1).

Le grand Assuerus se tenait là tout proche,
Et son épouse Esther et le juste Mardoche,
Qui sut également bien agir et parler.

Et l'image s'étant elle même brisée,
Évanouie ainsi que la bulle irisée,
Quand l'eau qui la forma soudain vient à tarir,

Surse in mia visione una fanciulla,
Piangendo forte, e diceva: O regina,
Perchè per ira hai voluto esser nulla?

Ancisa t'hai per non perder Lavina:
Or m'hai perduta: i' sono essa, che lutto,
Madre, alla tua pria ch' all' altrui ruina.

Come si frange il sonno, ove di butto
Nuova luce percuote 'l viso chiuso,
Che fratto guizza, pria che muoia tutto:

Così l' immaginar mio cadde giuso
Tosto che 'l lume il volto mi percosse
Maggiore assai, che quel ch' è in nostr' uso.

I' mi volgea per veder ov' io fosse,
Quand' una voce disse: Qui si monta;
Che da ogni altro intento mi rimosse:

E fece la mia voglia tanto pronta
Di riguardar chi era, che parlava,
Che mai non posa, se non si raffronta.

Ma come al Sol, che nostra vista grava
E per soverchio sua figura vela,
Così la mia virtù quivi mancava.

Dans mon rêve surgit une enfant jeune et belle ;
Elle était toute en pleurs : « O reine, disait-elle,
Pourquoi dans ta colère as-tu voulu mourir?

Tu péris pour ne pas perdre ta Lavinie.
Ores tu m'as perdue, et c'est, mère chérie,
Ta mort, ta mort à toi que pleurer il fallait (2) ! »

Comme le sommeil fuit lorsque quelque lumière
De soudaines clartés frappe notre paupière,
Comme il lutte et se trouble avant l'éveil complet,

Ainsi s'évanouit cette image dernière,
Quand d'un éclat plus vif que les feux de la terre,
Une clarté subite en face me frappa.

Je me tournai pour voir où j'étais, plein de doute.
Soudain une voix dit : « Montez, voici la route ! »
De toute autre pensée elle me détourna.

Je brûlai sur-le-champ du désir de surprendre
Qui proférait ces mots que je venais d'entendre
Et n'eus de cesse avant que de le découvrir.

Mais comme aux feux d'un jour dont l'éclat nous accable,
Et qui s'en fait lui-même un voile impénétrable,
Je sentis aussitôt ma force défaillir.

Questi è divino spirito, che ne la
Via d'andar su ne drizza senza prego,
E col suo lume se medesmo cela.

Sì fa con noi, come l'uom si fa sego:
Chè quale aspetta prego, e l'uopo vede,
Malignamente già si mette al nego:

Ora accordiamo a tanto invito il piede:
Procacciam di salir pria che s'abbui:
Chè poi non si poria, se 'l dì non riede:

Così disse 'l mio Duca: ed io con lui
Volgemmo i nostri passi ad una scala:
E tosto ch'io al primo grado fui,

Sentiimi presso quasi un muover d'ala,
E ventarmi nel volto, e dir: *Beati
Pacifici*, che son senza ira mala.

Già eran sopra noi tanto levati
Gli ultimi raggi che la notte segue,
Che le stelle apparivan da più lati.

O virtù mia, perchè sì ti dilegue?
Fra me stesso dicea, che mi sentiva
La possa delle gambe posta in tregue.

CHANT XVII.

« C'est là l'esprit divin, dont la tendre lumière
N'a point pour nous guider besoin d'une prière,
L'éclat de sa splendeur le dérobe au regard.

Il est courtois pour nous comme on l'est pour soi-même,
Car l'homme qui, témoin d'une détresse extrême,
Attend d'être prié, refusera plus tard.

Ores à son appel hâtons-nous de nous rendre
Et montons, car la nuit venant à nous surprendre,
Nous ne le pourrions plus avant le jour suivant. »

Ainsi parle mon guide et soudain me précède.
Nous tournâmes nos pas vers un escalier raide :
Au premier échelon à peine en arrivant,

Je sentis près de moi comme un battement d'ailes
Et sur ma face un souffle et des voix dire entre elles :
« Heureux le pacifique, exempt de noir courroux (3) ! »

Et déjà se levaient bien haut sur notre tête
Les rayons précurseurs de la nuit qui s'apprête,
Et dans les cieux déjà brillaient les astres doux.

Hélas, ma force usée en ce besoin me laisse !
Me disais-je à part moi, soudain pris de faiblesse
Et sentant mes genoux fléchir malgré l'effort.

Noi eravam, dove più non saliva
La scala su, ed eravamo affissi,
Pur come nave, ch' alla piaggia arriva:

Ed io attesi un poco s' io udissi
Alcuna cosa nel nuovo girone:
Poi mi rivolsi al mio Maestro, e dissi:

Dolce mio padre, di', quale offensione
Si purga qui nel giro, dove semo?
Se i piè si stanno, non stea tuo sermone.

Ed egli a me: L' amor del bene scemo
Di suo dover, quiritta si ristora:
Qui ribatte 'l mal tardato remo.

Ma perchè più aperto intendi ancora,
Volgi la mente a me, e prenderai
Alcun buon frutto di nostra dimora.

Nè creator, nè creatura mai,
Cominciò ei, figliuol, fu senza amore,
O naturale, o d' animo; e tu 'l sai.

Lo natural fu sempre senza errore:
Ma l' altre puote errar per malo obbietto
O per troppo, o per poco di vigore.

Nos pieds de l'escalier enfin touchent le faîte,
Et là chacun de nous immobile s'arrête
Comme un vaisseau lassé qui vient toucher le bord.

Je prêtai quelque temps une oreille attentive,
Interrogeant les bruits de ce cercle où j'arrive,
Puis je me retournai vers mon maître, en disant :

« O doux père, apprends-moi quelle offense les hommes
Sont contraints de purger dans ce cercle où nous sommes?
Laisse aller tes discours, mon père, en t'arrêtant. »

Il répondit : « L'amour du bien tiède à la tâche
Se retrempe en ces lieux, et sans plus de relâche
Le rameur indolent doit battre encor les flots.

Mais pour que mon penser se fasse mieux connaître,
Prête-moi bien l'oreille et tu pourras peut-être
Recueillir un bon fruit de notre court repos.

Mon fils, au Créateur comme à la créature
(Qu'il vienne de l'esprit ou bien de la nature),
Jamais ne fait défaut l'amour, bien tu le sais.

Pour l'amour naturel, impossible qu'il erre,
Mais l'amour réfléchi peut pécher au contraire
Par l'objet, par trop peu d'ardeur, ou par excès.

Mentre ch' egli è ne' primi ben diretto,
E ne' secondi sè stesso misura,
Esser non può cagion di mal diletto.

Ma quando al mal si torce, o con più cura,
O con men, che non dee, corre nel bene,
Contra 'l Fattore adopra sua fattura.

Quinci comprender puoi, ch' esser conviene
Amor sementa in voi d' ogni virtute,
E d' ogni operazion, che merta pene.

Or perchè mai non può dalla salute
Amor del suo soggetto volger viso,
Da l' odio proprio son le cose tute:

E perchè intender non si può diviso,
Nè per sè stante, alcuno esser del primo,
Da quello odiare ogni affetto è deciso.

Resta, se dividendo bene stimo,
Che 'l mal, che s' ama, è del prossimo: ed esso
Amor nasce in tre modi in vostro limo.

È chi per esser suo vicin soppresso,
Spera eccellenza, e sol per questo brama,
Ch' el sia di sua grandezza in basso messo:

CHANT XVII.

Aux principaux des biens toutes fois qu'il s'adresse
Et dans les moindres sait mesurer sa tendresse,
D'aucun plaisir coupable il ne devient l'auteur;

Mais dès qu'il tourne au mal, ou qu'au bien il s'élance
Avec trop de désordre ou trop de nonchalance,
La créature agit contre le Créateur.

De là tu peux déjà tirer la conséquence
Que de toute vertu l'amour est la semence,
Comme de tout péché que le Ciel doit punir.

Or, comme de l'amour le pôle invariable,
C'est le bien du sujet qui d'amour est capable,
Aucun être ne peut lui-même se haïr.

Et nul ne se pouvant concevoir solitaire,
Existant détaché de l'Être nécessaire,
On ne peut point haïr cet Être souverain.

Donc le mal du prochain est le mal que l'on aime;
Et ce coupable amour, si juste est mon système,
Pousse de trois façons sur le limon humain.

Tel espère élever sa gloire ou son empire
Sur la ruine d'un autre, et dans ce but soupire
Pour que de sa grandeur il soit précipité.

È chi podere, grazia, onore, e fama
Teme di perder, per ch' altri sormonti,
Onde s' attrista sì, che 'l contrario ama:

Ed è chi per ingiuria par ch' adonti,
Sì che si fa della vendetta ghiotto;
E tal convien, che 'l male altrui impronti.

Questo triforme amor quaggiù disotto
Si piange: or vo', che tu dell' altro intende,
Che corre al ben con ordine corrotto.

Ciascun confusamente un bene apprende,
Nel qual si queti l' animo, e desira:
Per che di giugner lui ciascun contende.

Se lento amore in lui veder vi tira,
O a lui acquistar, questa cornice
Dopo giusto pentir ve ne martira.

Altro ben' è, che non fa l' uom felice:
Non è felicità, non è la buona
Essenzia d' ogni ben frutto e radice:

L' amor, ch' ad esso troppo s' abbandona,
Di sovra a noi si piange per tre cerchi:
Ma, come tripartito si ragiona

Tacciolo, acciocchè tu per te ne cerchi.

CHANT XVII.

Tel redoute de perdre honneur, renom, puissance,
Si quelque autre en avait aussi la jouissance,
Et forme un vœu contraire en son cœur attristé.

Un troisième, saignant de quelque amer outrage,
Brûle de se venger ; il faut que dans sa rage
Il poursuive à tout prix le mal de son prochain.

Ce triple amour du mal ici-dessous se pleure (4).
Or, parlons de l'amour dont j'ai dit tout à l'heure
Que vers le bien il court, mais sans règle et sans frein.

Chacun confusément conçoit un bien suprême
Où l'âme se repose, et le désire et l'aime,
Et ce bien chacun peine afin de l'acquérir.

Si trop lent est l'amour qui vers le bien s'élance
Pour le voir ou l'atteindre, après la repentance,
C'est dans ce cercle-ci (5) que l'homme doit souffrir.

Il est un autre bien qui ne rend heureux l'homme ;
Ce n'est pas le bonheur, ce n'est pas ce qu'on nomme
L'essence, la racine et le fruit de tout bien.

L'amour qui s'abandonne à lui sans tempérance
Dans trois cercles divers (6) là-haut est en souffrance.
Comment il se divise en trois, logicien !

A toi de le chercher ; pour ce, je n'en dis rien. »

NOTES DU CHANT XVII.

(1) Le farouche Aman, attaché à la croix qu'il avait préparée pour Mardochée.

(2) Lavinie, fille du roi Latinus et de la reine Amata, promise à Turnus. Amata croyant Turnus mort et craignant de perdre sa fille si elle devenait l'épouse d'Énée, céda à un furieux désespoir et se pendit.

(3) *Beati pacifici !* (Évangile, Sermon sur la montagne.)

(4) Dans le cercle expiatoire de l'orgueil, dans celui de l'envie et dans celui de la colère.

(5) Dans le cercle des paresseux, des tièdes, où Dante et Virgile sont arrivés.

(6) Dans trois cercles où s'expient la gourmandise, l'avarice et la luxure.

FIN DU TOME PREMIER.

www.ingramcontent.com/pod-product-compliance
Lightning Source LLC
Chambersburg PA
CBHW071246160426
43196CB00009B/1190